梦华 编著

三分管人
七分做人

吉林文史出版社
JILIN WENSHI CHUBANSHE

图书在版编目（CIP）数据

三分管人七分做人 / 梦华编著. -- 长春 : 吉林文史
出版社, 2019.2（2021.12 重印）

ISBN 978-7-5472-5854-5

Ⅰ. ①三… Ⅱ. ①梦… Ⅲ. ①领导学—通俗读物
Ⅳ. ①C933-49

中国版本图书馆CIP数据核字(2019)第022062号

三分管人七分做人

出 版 人 张 强
编 著 者 梦 华
责任编辑 弭 兰
封面设计 韩立强
出版发行 吉林文史出版社有限责任公司
地 址 长春市净月区福祉大路5788号出版大厦
印 刷 天津海德伟业印务有限公司
版 次 2019年2月第1版
印 次 2021年12月第3次印刷
开 本 880mm×1230mm 1/32
字 数 201千
印 张 8
书 号 ISBN 978-7-5472-5854-5
定 价 38.00元

前　言

　　作为一个组织的领导者，拥有着一种特殊的资源：人。而对这种资源的管理存在着不同的层次。管理得好，它可以取之不尽、用之不竭；管理不好，它也可能一取即尽、一用即竭。那些只知用职权管人，而不知用人格影响人的领导，无论官位有多高、能力有多强、知识有多丰富，都无法取得下属的信任，更别说长期追随了；而一个无人与之同心同德的领导者，即便有再伟大的理想、再完美的计划，也只能是空中楼阁。相反，成功的领导者具备登高一呼、应者云集的号召力，具备利用各种人才、平衡各种力量的统筹能力，具备"用人长、容人短""胜不骄，败不馁"的胸怀和气度，具备应对各种困难、各种复杂局面的手段和技巧。他无论在哪里出现，都会成为众人瞩目的焦点，即使他不出声，也能令人毫无保留地对他产生信任感，人们愿意接受他的建议，在突发事件时愿意听从他的指导。

　　因此，对于领导者来说，用职权管人不是本事，通过人格服人才是本事；颐指气使不是本事，"不令而从"才是本事；用惩罚使人害怕不是本事，凭魅力赢得追随才是本事；自己有本事不是本事，让有本事的人为己所用才是本事。管理是一门学问，是一门艺术，更是一套高深的谋略。你不能因为自己是"官"就对人吆三喝四，又不能与他们称兄道弟失去威严；你不能玩弄权术，让人觉得你城府很深，又不能心中不藏事啥都往外说；你既不能疑神疑鬼又不能偏听偏信……作为领导，魔鬼手段与菩萨心肠应该兼备，二者之间应三七开，即"三分管人，七分做人"。

　　本书在深度挖掘中国传统文化中的管理哲学基础上，围绕"治国者，先修其身""人尽其才则百事兴""我无为而民自化"等核心理念，提出了一整套最适合中国人心理行为特性的管理模式，即"三分管人，七分做人"。这种管理模式以道、儒、法家思想为理论基础，强调管理就是修己安人的过程，主张从个人的修身做人做起，然后才有资格来从事管理，领导者只有具备公正的态度、卓越的德行、个性的魅力、超凡的智慧、榜样的力量、丰富的情感，才能拥有崇高的威望，获得下属由衷的崇敬和钦佩，博得团队忠诚的拥戴与支持，从而实施最有效的领导，使管理中的许多复杂问题化于无形。

目　录

第一章　治国者，先修其身

良好的气质本身就是一种领导力量……………………… 1

在自我批评中进步……………………………………… 2

反省任何过失，先从自身开始………………………… 3

认错从上级开始，表功从下级启动…………………… 4

不能做以私害公的糊涂事……………………………… 6

不要随便显露你的情绪………………………………… 8

情绪不稳定，则管理不稳定…………………………… 9

守静致虚，不轻率决策……………………………… 10

胸怀宽度决定事业高度……………………………… 12

尊重下属，方能赢得下属的尊重…………………… 14

修己才能安人………………………………………… 15

君子谋道不谋食……………………………………… 19

"九思"是一门必修课………………………………… 20

领导要为下属的过错承担责任……………………… 22

凡事苛刻是大忌……………………………………… 24

诚信是一笔无形的财富……………………………… 25

让目标激励自己前行………………………………… 27

正直助人成功 …………………………………………………… 29

整洁得体的服装能够显示你的风度和自信 ………………… 31

讲究风度美 ……………………………………………………… 32

正确运用韬晦策略 …………………………………………… 35

忍一时之气换来有利的局势 ………………………………… 36

能忍小失，才会有大得 ……………………………………… 38

自信使人无坚不摧 …………………………………………… 39

第二章　人尽其才则百事兴

资产只是一个数字，人才是真正的财富 ………………… 41

不要为声誉所惑 ……………………………………………… 42

用最高的位置把最有本事的人留下来 …………………… 43

注意那些口碑极好的普通人 ………………………………… 44

在赛马中相马 ………………………………………………… 45

从众多人才中选用自己最需要的 ………………………… 46

善于在市井之中寻找奇才 …………………………………… 48

缺点不是弱点 ………………………………………………… 50

把被别人踢出去的人"请"进公司 ………………………… 51

合适的人才能挽救企业 ……………………………………… 53

找准公司发动机，然后提供舞台 ………………………… 54

任人唯贤不唯亲 ……………………………………………… 55

用人才不用庸才 ……………………………………………… 56

不用"聪明人" ……………………………………………… 58

人才是事业的基石 …………………………………………… 59

信誉是衡量人才的首要标准 ………………………………… 60

合适比优秀更重要 …………………………………………… 61

引进人才要注意"安全着陆"……………………………………… 62

在竞争中发掘人才………………………………………………… 64

抛弃"优秀的人一进来就优秀"的想法………………………… 65

掌控那些能力比你强的下属……………………………………… 67

重视每一个人才…………………………………………………… 68

粘住你的核心人才………………………………………………… 69

学会"识才"和"量才"………………………………………… 71

集属下之长,补自己之短………………………………………… 72

一个坑一个萝卜,而不是一个萝卜一个坑……………………… 73

用人须避开无中心与多中心……………………………………… 74

宁用愚人,不用小人……………………………………………… 75

用合适的人,做合适的事………………………………………… 76

任人有道:"招财童子"与"拼命三郎"各司其职……………… 77

物尽其用,人尽其才……………………………………………… 78

优秀与否,要看放置的位子……………………………………… 79

创造价值的能力是最重要的胜任指标…………………………… 81

既能善用人之长,又要善用人之短……………………………… 81

善于用比自己更优秀的人………………………………………… 83

用好企业中的"二流人才"……………………………………… 84

为人才选好"座位"……………………………………………… 85

高薪能激发员工的工作热情……………………………………… 86

优秀的人才是事业成功的关键…………………………………… 88

因人设事也是一条用人之道……………………………………… 89

第三章 无威难驭下

时刻让人知道你是"有身份"的人……………………………… 91

轻易道歉，不见得是好事 ……………………………… 92

要有鲜明的立场，不可迁就大多数 …………………… 94

把自己的话留在后面 …………………………………… 95

先"处其位"，而后才可能"谋其政" ………………… 95

不能以假象立真威 ……………………………………… 96

成为端起猎枪的猎手 …………………………………… 98

谨言慎行，说一不二 …………………………………… 100

小事也要严格要求 ……………………………………… 101

与下属保持适当距离 …………………………………… 102

带头做出业绩，权威水到渠成 ………………………… 103

无私才能扬威 …………………………………………… 104

莫对个别下属另眼相看 ………………………………… 106

好名声带来好威信 ……………………………………… 108

轻诺者寡信 ……………………………………………… 109

利用情感树立威信 ……………………………………… 111

浇树要浇根，带人要带心 ……………………………… 112

积极挖掘下属的闪光点 ………………………………… 113

让自己保持"竞技状态" ……………………………… 115

没有翘起尾巴的老虎 …………………………………… 116

注重自己的仪表有助于树立威信 ……………………… 117

当众责罚可以有效树立威信 …………………………… 118

关键问题要抓准 ………………………………………… 119

严格是为了让他进步 …………………………………… 120

罚得人心服口服 ………………………………………… 122

杀鸡儆猴，震慑人心 …………………………………… 123

话里有话显身份 ………………………………………… 125

有权威才会有服从 ·· 126

建立"权威的脉络" ·· 127

有所为才能建立威信 ·· 129

冷面掌权，铁腕立威 ·· 131

赏罚分明，方显公平 ·· 132

触犯众怒的业务骨干也只好请他"下课" ············· 134

坚决扼制"权臣"的影响力 ·· 136

强迫越轨者出局 ··· 138

惩罚到位：稳、准、狠 ·· 141

第四章　其身正，不令而行

先完善自己，管好自己才能带好队伍 ····················· 144

找出自身独特的"卖点"，做自己的"品牌经理" ····· 145

管出"雷锋"，自己先当"雷锋" ····························· 147

会吃亏的领导最能占便宜 ·· 149

一定要身先士卒 ··· 150

适当时候要"御驾亲征" ·· 151

做任何事情都要用心 ·· 153

管理是一种让员工自愿跟从的能力 ·························· 155

不懂不是错，不懂装懂才是错 ··································· 156

"不言之教"：以身作则方能赢得拥戴 ····················· 158

解决问题，最简单的方法就是"带头往下跳" ·········· 160

成功的领导不做领袖做榜样 ······································ 161

非权力影响力激发最佳管理效能 ······························ 162

绝不可严于律人，宽以待己 ······································ 164

身教胜过千言万语 ··· 165

管理有成效，要做领跑的狮子……………………… 167

有私心正常，做到不利用私心不寻常……………… 169

自律才能管理好他人………………………………… 170

以身作则，激起下属工作热情……………………… 172

下属的好心情，由你来决定………………………… 174

站着命令，不如干着指挥…………………………… 175

以理服人，树立个人威望…………………………… 177

赢得人心，仁义比金钱更有效……………………… 178

勇于承担责任，不揽功，不诿过…………………… 180

要勇于向下属说声"对不起"………………………… 182

用你的微笑魔力征服下属…………………………… 184

第五章　上下同欲者胜

要能把握"到位感"…………………………………… 186

互相搭台，才能共同起跳…………………………… 187

欣赏别人也要懂得技巧……………………………… 189

让部下产生"自己人"意识…………………………… 190

以别人的心甘情愿为前提…………………………… 191

和谐管理绝不是讨好员工…………………………… 192

被下属爱戴是卓有成效管理的开始………………… 193

懂得互利才能留住人………………………………… 195

柔性管理凝聚人心…………………………………… 198

人文关怀不可缺乏…………………………………… 199

用情感抓住下属"骚动的心"………………………… 200

学会用行动感动员工………………………………… 201

让员工把公司当作家………………………………… 202

如果你很快乐，就与员工分享…………………………… 203

不要担心员工挑岗位………………………………………… 204

真诚感动一切………………………………………………… 206

学会抓住员工的心…………………………………………… 207

与员工分享管理……………………………………………… 208

关心员工就像关心自己的家人……………………………… 210

作为员工服务的领导者……………………………………… 211

荣耀面前，团队分享，团伙独享…………………………… 213

"笼络"下属的技巧………………………………………… 214

容才留才，防止"跳槽"…………………………………… 216

让下属利益与公司利益紧密相关…………………………… 220

同舟共济，患难见真情……………………………………… 222

同下属共享荣誉……………………………………………… 223

第六章　我无为而民自化

管头管脚，但不要从头管到脚……………………………… 225

不要把自己变成下属的尾巴………………………………… 226

不可迷恋冰冷的上下级关系………………………………… 227

把表面的风光让给别人，把沉甸甸的利益留给自己……… 229

好的领导者如空气…………………………………………… 230

别让员工因你的责备而如坐针毡…………………………… 231

责备并不是最好的教育方式………………………………… 232

让下属成为英雄是你的荣耀………………………………… 233

聪明而懒惰的人往往是卓有成效的管人者………………… 234

因势利导才能激发出下属的潜能…………………………… 236

管人不如管心………………………………………………… 237

三个臭皮匠赛过一个诸葛亮……………………………… 238

最好的管理是没有管理…………………………………… 239

让员工实现自我管理……………………………………… 240

独断专行是领导者的大忌………………………………… 241

在管理中实现"无为而治"……………………………… 243

第一章
治国者，先修其身

良好的气质本身就是一种领导力量

如果你想表现出领袖气质，展现给下属一种独特的魅力与领导威严，你就得多花些时间和精力培养自己的气质。从言谈举止到衣着打扮，都不可马虎大意。

二战名将巴顿就非常注重仪表。在战场上，他手下的官兵老远就能把他认出来，因为他标志性的穿着十分打眼：一顶闪亮的头盔，臀部两边各挂一把手枪，还系着领带。英国将领蒙哥马利则以"贝雷帽"装扮著称。在羊毛质料扁软的小帽上，蒙哥马利缀上他手下主要作战单位的队徽，而且随时穿着一件套头衬衫。蒙哥马利由此建立起了一个随和的形象，即使在战斗最激烈的时刻，官兵们只要见到头戴缀满队徽的软帽，身穿一件套头衬衫的将军，就马上知道他们的司令官来了。

谁也不是天生的领导者，领袖的气质是修炼出来的，而且不是一个人独自修炼的结果，是周遭环境不断渲染的产物。刚当上领导的人，常常没有领导范儿，但当过一段时间之后，就越来越像领导了。一个人的级别越高，接触的人层次越高，见的场面也越大，气质形象自然就熏陶出来了。

不少领导者喜欢抽烟、喝酒，且不论这些不良嗜好会给身心健康带来多大的危害，单从领导者个人修养和表率作用来说，也应该戒掉。

领导智慧

领导气质作为一种隐性的力量，是可以修炼出来的。所谓"习惯成自然"，要从生活和工作中的每个细节"打磨"自己。

在自我批评中进步

关于开展自我批评的必要性，任正非在他的一篇名为《为什么要自我批判》的文章中说道：

"华为还是一个年轻的公司，尽管充满了活力和激情，但也充塞着幼稚和自傲，我们的管理还不规范。只有不断地自我批判，才能使我们尽快成熟起来。华为不是为批判而批判，不是为全面否定而批判，而是为优化和建设而批判，总的目标是要导向公司整体核心竞争力的提升。

"我们处在 IT 业变化极快的十倍速时代，这个世界上唯一不变的就是变化。我们稍有迟疑，就失之千里。故步自封，拒绝批评，忸忸怩怩，落后的就不只千里了。企业可以选择为面子而走向失败，走向死亡，也可以选择丢掉面子，丢掉错误，迎头赶上。要活下去，只有超越；要超越，首先必须超越自我；超越的必要条件，是及时去除一切错误，这首先就要敢于自我批判。古人云：'三人行必有我师焉。'这三人中，其中有一人是竞争对手，还有一人是敢于批评我们设备问题的客户；如果比较谦虚的话，另一人就是敢于直言的下属、真诚批评的同事、严格要求的领导。只要真正地做到礼贤下士，就没有什么改正不了的错误。"

华为的快速成长，其实就是不断自我批判的过程。任正非表示："如果没有长期持续的自我批判，华为的制造平台就不会把质量提升到 20PPM。很多国人一向散漫、自由、富于幻想、不安分、喜欢浅尝辄止的创新。不愿从事枯燥无味、日复一日重复的工作，不愿接受流程和规章的约束，难以真正职业化地对待流程与质量；不能像尼姑面对青灯一样，冷静而严肃地面对流水线，每天重复数千次，次次一样的枯燥动作。没有自我批判，不能克服国人的不良习气，华为就不能把产品造到与国际一样的高水平，甚至超过同行。华为这种与自身斗争，使自己适应如日本人、德国人一样的工作方法，为公司占有市场打下了良好基础。如果没有这种与国际接轨的高质量，华为就不会生存到今天。"

在 2000 年发表的名为《华为的冬天》的文章中，任正非也强调了自我批判的重要性，他说："华为倡导自我批判，但不提倡相互批评，如果批判火药味很浓，就容易造成队伍之间的矛盾。而自己批判自己的时候，人们不会自己对自己下猛力，而会手下留情。即使用鸡毛掸子轻轻打一下，也比不打好，多打几年，就会百炼成钢。"

任正非就是这样一个通过不断否定自己来让企业获得持续进步的领航者。

领导智慧

房子应该经常打扫，不打扫就会积满了灰尘；脸应该经常洗，不洗就会灰尘满面。"流水不腐，户枢不蠹"，自我批评不仅是有效的，而且是必要的。

反省任何过失，先从自身开始

有一个年轻的农夫，划着小船，给临近村子的居民运送自家种植的粮食。那天的天气酷热难耐，农夫汗流浃背，苦不堪言。他心急火燎地划着小船，希望赶紧送过去，以便在天黑之前能回到家中。

农夫突然发现，前面有一只顺流而下的小船，正在飞速地迎面驶来。眼见着两只船就要撞上了，但对面那只船没有丝毫避让的意思，好像是特意要撞翻农夫的小船。

"让开，你这个白痴！快给我让开！"农夫冲着对面的船大声怒吼。但农夫的吼叫完全没起作用，对方一点儿都没避开。眼见着两条船越来越近，农夫手忙脚乱地企图让开水道，但为时已晚，那只船还是重重地撞上了他的小船。农夫彻底被激怒了，他厉声呵斥道："你会不会驾船？恁宽的河面，你竟然还撞我？"然而当那条船从他侧面漂过的时候，农夫惊讶地发现，小船上空无一人。原来他大呼小叫、厉言斥骂的只是一只脱了绳索、顺河漂流的空船。

有的管理者只会埋怨别人，而不知自省，问题一来就往外一摆："出问题了啊，谁的事谁负责。"事实上，到最后也不会有人出来主动担责，大家只会推来推去。"和稀泥"不能解决问题，最好的方法是每个人先自我反省、自我检讨，然后再去关心别人有没有过失。

美国企业管理协会分析了1800多名成功的企业家，发现他们中的大多数人都具备以身作则、能进行正确的自我批评的素质。在工作中，抱怨最多的往往是失败者，他们不愿意对自己负责，而总是从他人身上找借口。

领导智慧

与其埋怨他人，不如反思己过。从自身入手，凡事多检讨自己，努力承担责任，这是一个优秀领导者必备的素质。

认错从上级开始，表功从下级启动

在某些企业中，常常发生这样的事：有了功劳归领导，有了过错则推给下属。这是很不好的现象。"现代管理之父"彼得·德鲁克说过，当自己分管的部门出现问题时，管理者不应推卸职责和埋怨，而应主动承担责任，从自身的管理中去找原因。

一个公司发奖金，谁拿的最多？领导。一个公司派人出国考察学习，谁去？领导。一个公司配车，谁开？还是领导。权利和义务永远是对等的，既然管理者得到的最多，那自然也应该承担更多的责任。

对于有智慧的管理者来说，在工作中出现过错时自己揽下来，而不是推到下属头上，恰恰是树立权威的机会。

一家建材公司的采购员在采购一批货物时犯了一个错误：将客户订购的产品颜色弄混了，结果造成上万元的损失，最后经理帮他补了这个窟窿。自知闯下大祸的采购员向经理递交了辞职信。经理问他："我骂过你吗？""没有。""我跟老板说到你了吗？""没有。""一万多元的损失是你承担的吗？""不是。""我刚刚替你交完学费，你却要走，我不同意。"

采购员流下了眼泪。经理说："把眼泪擦掉，有本事就把我那一万元赚回来再辞职，我马上就批。像个男人！这事就算了。"几年之后，这个采购员成了公司的副总经理。

管理者主动承担责任，不但可以稳定军心、保持士气，还有助于维护自身的威望。不透过于下属的管理者，下属看到了他的高风亮节，更加愿意追随他。

在管理中，犯错和出现问题都不可怕，可怕的是否认和掩饰错误。愚蠢的管理者总是会尽力为自己的错误辩解，找各种各样的理由来证明这些过错与己无关，最简单的方式就是推给下属。明智的管理者则不然，他们会主动承认错误、承担责任，并努力改正。

"认错从上级开始，表功从下级启动"，这才是优秀领导者应有的担当。在表彰功绩时，也不能"肥水不流外人田"，而应秉持客观公正的原则，首先统计出直接有功的人，再找到间接有功的人，最后再确定指挥有功的管理者，按顺序排列。

 领导智慧

领导者要勇于承担责任，甚至当失误不是领导者本人造成时，高明的领导者也会主动承担责任。

不能做以私害公的糊涂事

做领导久了，很容易把公事私事搅在一起，甚至发生以私害公的事情。这样做危害极大，不仅损害自己的形象和威严，而且私事也未必能保全。因私害公是两边都不讨好的管人大忌。

萧何与曹参是西汉初期的两位重要大臣。两人都曾是沛县小吏，萧何是主吏椽，曹参是狱椽，又同时参与了刘邦起兵。两人一文一武，一个运筹帷幄，支撑全局；一个披坚执锐，身经百战，同为大汉王朝的开国元勋。

刘邦消灭项羽，统一天下后，大行封赏。刘邦定萧何为首功，封他为鄼侯，食邑最多。这时，包括曹参在内的许多功臣心里愤愤不平，私下里议论不休，他们说自己跟随刘邦辗转南北，身经百战，而萧何只不过安坐后方发发议论，做做文字工作而已，毫无战功，为什么他的食邑反而最多呢？

刘邦听说此事后，反问他们："你们知道猎人吗？打猎的时候，追杀野兽的是猎狗，而指示行踪，放狗追兽的是人。如今诸位只是能猎获野兽，相当于猎狗的功劳。至于萧何，他能放出猎狗，指示追逐目标，那相当于猎人的功劳。况且你们只是一个人追随我，多的也不过带两三个家里人，而萧何却是全族好几十人跟随我，这些功劳怎么能抹杀呢？"众人听罢，都无言以答，默不作声。

分封诸侯之后，接着是排位次。战将们把曹参推出来，纷纷陈辞道："平阳侯曹参跟随陛下南征北战，身受七十余处战伤，攻城略地，功劳最多，应排第一。"刘邦已经压过大家一次，重封了萧何，这次虽还想把萧何封为第一，却一时找不到理由。这时，关内侯鄂君出来说话："在楚汉战争中，陛下有好几次都是全军溃败，只身逃脱，全靠萧何从关中派出军队来补充。有时，就是没有陛下的命令，萧何一次也派遣几万人，正好补充了陛下的急需。不仅是士兵，就是军粮也全靠萧何转漕关中，才保证了供应。这些都是创立汉家天下流传后世的大功劳，怎么能把像曹参等人只是一时的战功列在万世之功的前面呢！依臣之见，萧何应排第一，曹参第二。"鄂君的这番言论，正中刘邦下怀，于是顺水推舟，把萧何排为第一。这样，萧何位列众卿之首，被称为"开国第一侯"。

两次事件虽然都是刘邦决定的，但曹参、萧何之间的嫌隙也因此产生了。史称"（萧）何素不与曹参相能"，又称"参始微时，与萧何善，及为将相，有隙"。萧曹二人有"隙"的事，也传到了刘邦耳里，但曹参从未口出怨言。后来刘邦怀疑萧何在京有变，曾先后以隐晦的语言探询曹参对萧何的看法，曹参总是力陈萧何忠心耿耿兔劳圣虑。刘邦听言，反疑他人传言他们二人有"隙"为无稽之谈！

萧何对曹参也同样"于私有隙，于公无怨"。萧何病重之时，惠帝前往探视，问道："君即百岁后，谁可代君者？"萧何答道："知臣莫如主。"惠帝问："曹参何如？"萧何马上顿首道："帝得之矣，臣死不恨矣！"完全抛弃个人恩怨，举荐曹参。而曹参为相后，也是不计个人恩怨，全部沿袭萧何成法，史称："至何且死，所推贤惟参，参代何为汉相国，举事无所变更，一遵萧何约束。"这就是公私分明的宰相气度。

领导智慧

公是公，私是私，切不可眉毛胡子一把抓。能否公私分明，考验一个领导的度量，也考验其智慧。

不要随便显露你的情绪

诸葛亮在中国古代是智慧的化身，但是他的妻子黄月英却是历史上有名的丑女。相传黄氏发黄面黑，长得很难看，附近的青年男子都不愿娶她。不过黄氏长得虽丑，却颇有内才，品德极佳，她还是当时有名的才女。

黄氏的父亲黄承彦听说诸葛亮想找个老婆，便对他说："闻君择妇，家有丑女，黄头黑面，才堪相配。"结果诸葛亮竟然真的重才轻色，当即求亲，于是黄承彦便将女儿嫁给了诸葛亮。这位相貌虽丑却颇具内才的黄氏，使诸葛亮终身受益，后来他挂印封侯，成就伟业，也得力于贤内助。

在戏剧和图画中，诸葛亮总是身披八卦衣，手持鹅毛扇，一副运筹帷幄、决胜千里的姿态。传说鹅毛扇便是黄氏送给他的一件礼物。诸葛亮出山辅佐刘备，临行前，黄氏用其父赠给她的一只大鹏鸟翅做了一把扇子，扇柄上画着八阵图，要诸葛亮随身携带，一则不忘夫妻恩爱，二则对行军作战大有裨益，三则告诫他息怒。尤其是第三点，至关重要。

黄氏对诸葛亮说："你与家父畅谈天下大事时，我发现当你说到胸中的大志，就气宇轩昂；谈到刘备先生想请你出山，就眉飞色舞；一讲到曹操，就眉头深锁；一提到孙权，就忧戚于心。大丈夫做事情一定要沉得住气，我送你这把扇子就是给你用来遮面，挡你的脸的。"

诸葛亮拿起鹅毛扇一摇，头脑很快就冷静下来。因此，诸葛亮离开草庐后，一直身不离八卦衣，手不离鹅毛扇。原来，诸葛亮拿扇子"遮面"并非故作深沉，而是说先要沉得住气，然后才能保持冷静，做出正确的判断。

有时候，我们遇见发脾气、哭泣或者撒娇的人，会认为他们本性自然，为人真诚。其实这是一种纵容的说法，人与动物不同，应该具有理性，不能过于情绪化。一个人要学会控制自己的情绪，做到凡事处之泰然。千万不要早上上班前跟老婆吵个架，跟老公斗个嘴，结果还没下班全公司的人就都知道了。身处领导岗位的人，尤其不能如此。

领导智慧

大丈夫处世一定要处变不惊，领导者更要努力使自己做到"处之泰然"，才不至于因一时怒火铸就无法弥补的过错。

情绪不稳定，则管理不稳定

人是情绪化的动物，有喜怒哀乐，但如果不善于控制自己的情绪，情绪之波就会恣意翻腾，造成灾难。企业的经营是由人操持的，若管理者情绪不稳定，把情绪掺入管理之中，企业的经营管理被其情绪左右，就会影响企业的运行和工作的效率，给企业造成损失。

动辄发怒是管理者不善控制情绪的最显著表现，除此之外，焦虑不安、暴躁易怒、态度激烈、绝望沮丧等，都是表示管理者情绪不稳定。情绪不稳定的管理者，经常神经质地摇动身体，或者整天匆匆忙忙。他们往往无法对一种工作长久地集中精力。在旁人的眼中，这些人忙忙碌碌，仿佛有充沛的精力，但实际上他们做事常常半途而废。

管理者的情绪在管理上常体现为朝令夕改，缺乏原则，风一阵雨一阵。管理者除了会把内心不平稳的情绪直接传给下属外，还间接地通过反复改动的行政命令干扰下属的工作。

某公司创立伊始，管理者常常苦思冥想生财之道。一天忽有新的构想，于是兴奋地让下属奔忙实施。过了两天，想想不妥，便又命令下属停止工作，再想新办法。如此反复多次，下属就再没有以前的热情了，管理者再有好主意，下属也振作不起精神来。问起公司现在的工作，大家面面相觑，终有一个人没好气地说："谁知道他呢？一天一个样，天天新花样。"这个管理者因为急于求成，情绪急躁，疏于管理，让下属疲于贯彻他那些不切实际的命令，终于激起了下属的不满，妨碍了工作的进展。

另外有些管理者，由于自卑，拿不定主意，或者因为缺乏全盘考虑，匆匆做出决定，又匆匆地更改，也会出现朝令夕改的现象。如果之前的要求是宽松的，之后的要求是严格的，那么招来的非议会更甚。

例如，某一公司第一季度取得很好的业绩，结算下来有较大盈利。总经理未经周密考虑就接受别人的提议：提高员工待遇。于是公司上下皆大欢喜。岂料第二季度因市场竞争激烈，一番拼杀激战下来反而出现了赤字。这时是应该降低员工的待遇还是要维持下去？管理者坐困愁城。

领导智慧

每个人都有情绪，但是管理拒绝情绪化。首先稳定自己，然后才能稳定军心。

守静致虚，不轻率决策

"守静"是中国古代哲学中常见的一个命题，最早的提出者是老子。老子十分重视清静在社会政治生活和人生修养中的作用，劝说世人要"致虚""守静"。对领导者来讲，"守静"就是在决策时要抵制各种外界诱惑，冷静、客观地判断形势，只有这样才能避免盲目决策给企业带来的风险。有人提出，企业家要有理想，但不能理想化，讲的正是"守静"的道理。

在企业界，有的企业家是赌徒，敢于大冒风险。他们很像项羽，具有英雄主义的浪漫情怀，能给人很痛快的感觉。但是"自刎乌江"的最终结果，却是每个人都不愿看到的。英雄主义与现实是有很大区别的，盲目地冒险并非明智。

在一次企业家精神研讨会上，与会者总结出这么一个观点："成功人士都有一个共同的特点——他们都不是'风险偏好者'。他们总是试图确定风险的性质，并且最大限度地降低风险。否则，他们中间就没有人会取得成功。"德鲁克对这个观点十分赞同，他认为创新当然是有风险的。但是，坐进汽车，开车去超市买面包，也同样有风险。一切经济活动就其定义而言都是"高风险"活动，保护昔日的成果比创造未来的风险更大。创新者只有在确定风险性质、界定风险范围的情况下才可能取得成功，只有在系统分析创新机会来源、认准机会和利用机会的情况下才能取得成功。

成功的创新者都比较保守，而且必须保守。并且，就一般而言，我们对于创新多半有一个误解，即打破旧的才能有创新。事实上所谓的新产品，真正完完全全是新的毕竟只是少数，即使一些商品标榜着大创新、大革新，其实大多还是从已有的领域当中进行改进与创新而已。因此，虽然只是提升了旧有商品的附加值，依然会得到广大消费者的青睐。

卓越的领导者和决策者，绝不会轻率地对企业进行变革，他们总是冷静地分析现实，在提出可行性方案后，总会先采取谨慎的或者是渐进的方式进行"探水"，而不是盲目地改革。然而，很多企业的领导者却经常在变革过程中盲目冒险，结果造成了严重后果。

柳传志对自己做事的风格有个形象的描述："先要看，看好了再去试，一步，两步，三步，踩实一脚，再踩实一脚，每踏出一步，都小心翼翼地抬头远望并回头四顾，感觉这一步大了，就再回头踩踩，直到终于看到踏实的黄土路，撒腿就跑……"

领导智慧

一个过于理想化的企业家，往往会令企业的成长道路布满荆棘。只有"致虚极，守静笃"，把心冷静下来，反复权衡之后才能做出有利于企业发展的决策。

胸怀宽度决定事业高度

有人问孔子："以德报怨何如？"孔子答："何以报德？以直报怨，以德报德。"由此看出，孔子不赞成用恩德来报答怨恨，他主张以直道而行，是是非非，善善恶恶，对你好的，你当然对他好；对你不好的，你可以不记恨他就是了。用今天的话来说，做人要有一颗包容之心。

仙涯和尚在博多寺任住持时，学僧甚多，僧徒中有一名叫湛元的弟子。城里花街柳巷很多，湛元时常偷偷地爬过院墙，到红街去游乐。他的心太花了，一听说哪条巷子里又来了一位如花似玉的美姬，就会去玩一次。一来二去寺内的僧众们都知道了这事，连住持仙涯和尚也知道了。有人建议他把湛元逐出山门，可仙涯只应了一声："啊，是吗？"

一个雪花飘飘的晚上，湛元拿了一个洗脸盆垫脚，又翻墙出去

"游春"了。仙涯和尚知道后，就把那个盆子放好，自己在放盆子的地方坐禅。雪片覆满了仙涯的全身，寒气浸透了仙涯的筋骨。拂晓时分，湛元回来了，他用脚踩在原来放盆的地方，发现踩的东西软绵绵的，跳下地来一看，原来是师父，不觉大吃一惊。

仙涯说："清晨天气很冷，快点去睡吧，小心着了凉。"说完站起身来，就像没事人似的回到方丈室里去了。从此以后，湛元闭门修心，连寺门也很少出。

仙涯和尚在得知弟子湛元到花街柳巷游玩后，不仅没有按寺规把他逐出师门，反而以自身的行为为参照物来对待他。一句宽容体谅的话，减少了对别人的伤害，保住了他人的面子，却能获得对方的敬仰。在师父如此宽容的胸怀感化下，弟子惭愧之后只有修身养性。

南朝宋国的开国皇帝刘裕也是因宽容而得人心得众助的。

因刘裕能雅量待下，部下们才敢直言，为之竭智尽力。根据《宋书·郑鲜之传》记载："时或言论，人皆依违之，不敢难也；鲜之难必切至，未尝宽假，要须高祖辞穷理屈，然后置之。"刘裕本是靠打杀起家，从未读过书，他的言论错了，也没有人敢纠正他。但郑鲜之对刘裕的谬论却没有放过，往往与之辩到其理屈词穷，待其认识错了才罢休。刘裕有时感到很狼狈，脸色都变了，但还是容忍而不发作。他曾对人说："我本无术学，言义尤浅。此时言论，诸贤多见宽容，唯郑不尔，独能尽人之意，甚以此感之。"

管理者具有容天地万物的气度，这也是优秀管理者修炼的必备素质之一。管理者的宽容主要表现是虚怀若谷、宽恕礼让、容纳异己、以德报怨。待人宽容，不仅在团队管理中受人尊敬，让部下产生信服之感，还能使自己较为容易获得非权力影响力。胸怀宽度决定着事业的高度，有时无声的宽恕比批评指责更有说服力。

领导智慧

凡成大事者，无不以宽容取胜。做一个心胸宽广的人才能成大事。

尊重下属，方能赢得下属的尊重

以无为之道治理天下，则君主"垂拱而治"，虽高高在上，但人民不觉得压力和负担。同样，以无为之道管理企业，也要使员工心情舒畅，开开心心。这就要求领导者尊重下属，为员工提供人性化的工作环境。只有员工感觉被尊重，他才会反过来尊重领导者，整个团队才能和谐高效地运转。

尊重下属是领导与下属进行交流的一个基本前提。每个人都有自己的尊严，即使是在工作场所中被视为无用的人，也有他自己的想法与自尊心。他或许看似低能，却在某一方面潜藏着特长；也许他一无所长，但他却因此比别人更勤奋卖力。因此，领导者不可因为下属工作能力或为人处世上有一些毛病就对之持嫌弃的态度，一个值得下属尊敬和爱戴的领导者应当时刻把下属的尊严放在心头。

在尊重员工方面，3M 公司的许多做法值得学习。在这家全球知名的跨国企业内部通行一条非常著名的原则：不必询问、不必告知，充分尊重员工的隐私。这个原则就是天条，任何管理者都必须遵守。管理者鼓励员工做他们想做的事，而不要求详细了解员工的工作细节。正是缘于这种宽松的管理方式，3M 公司员工的创新得到了极大可能的自由发挥。

在 3M 公司，技术人员可以花 15% 的时间在他自己选择的项目上。他们甚至会尝试那些没有被主管认可的想法。曾经有一位叫理查德·德鲁的年轻员工，他在试验一个项目时，被 3M 公司前 CEO 威廉·麦耐特看到，威廉·麦耐特认为这个项目既浪费时间又浪费金钱，出于对工作的负责，他出言建议理查德停下来。但理查德完全没有理会威廉的意见，甚至还对他干涉自己的工作向别的领导表达不满。正是由于理查德的坚持，他为 3M 公司带来了一项突破性的产品。这个产品为 3M 公司带来了巨大的经济利益。

尊重员工是刻在骨子里的，而非口头上的。领导者必须明白，下属的自尊心是应该受到尊重的。不伤害下属的自尊心，不仅是尊重其人格，而且对搞好企业大有好处。调查研究表明：凡是自尊心很强的人，不论在什么岗位上，都会尽自己的努力而不甘落后于人。人有了自尊心，才会求上进，有上进心才会努力工作。

领导智慧

管理与人息息相关，这要求管理者要尊重员工、重视员工，竭尽全力地促进员工成长，最大限度地帮助员工获得工作成就感。

修己才能安人

管理是修己安人的过程。管理的目的，就是一个"安"字。所谓安，就是全面地提高品质，包括管理者和员工的品质。"修身、齐家、治国、平天下"，在中国传统的道德思想中，修身俨然列于首位，是筑起"家国天下"的传统理想的基础。"惟贤惟德，能服于人"，如果想要他人信服于你，就一定要具备贤德之能。做管理更要如此，只有让人心安的管理者，才可得到他人的追随。

习惯决定性格，性格决定命运。管理者若想成为合格的领袖，就必须培养以下七个重要的性格特质。

1. 诚信

人无信不立，诚信是立身处世的准则，亦是衡量一个人品行的标准之一，诚信的人给人一种正直、务实、有道德的感觉。

"诚信"管理者特点：

在道德缺失的社会中绝不会随波逐流；具有极高的品牌价值且不会崩塌；永远不会缺少老客户；不管做什么，都不会靠不住。

"诚信"如何树立？

做不了的事情不轻易承诺，答应了就要做到；不经常喊虚的口号；停止一切"不道德"的手段；耍弄"小聪明"是走向"不诚信"的必经之路；产品或服务的诚信代价就是品牌的成本。

2. 积极

积极的思想产生积极的行动，内心积极的人会给人坚持、投入和认真的感觉。

"积极"管理者特点：

做任何事情一定会主动出击；不会在计划实施的过程中半途而废；遇到不顺有能力扭转形势；在被人赏识时不会表现平平、错失良机。

"积极"如何建立？

每天做一件实事；找到一两件无论如何都要坚持做到的小事；在公司或团队士气低落时展示阳光乐观的个性；遇到不顺马上重新寻找突破口。

3. 沉稳

人的外在与内在息息相关，内在有什么样的素质，外在就会有什么样的表现。一个内心沉稳的人，一定会给人镇定、冷静、坦然的感觉。

"沉稳"管理者的特点：

遇到公司危机不会惊慌失措；面临有人"叛变"，不会一筹莫展；遇到市场逆境不会无计可施；面对重要投资决策不会草率从事。

"沉稳"如何磨砺？

不要轻易显露你的情绪，做到凡事处之泰然；不要逢人便讲你的困难及遭遇，更不要抱怨；把话留到后面讲；重要决定要与人磋商，至少做到隔夜再进行发布；走路及说话时不要紊乱。

4. 胆识

聪明出众谓之英，胆识过人称之雄。一个人有胆识，其外在表现就是强势、果断、冒险。敢于冒险才能成就不凡的事业。

有"胆识"管理者特点：

在需要力排众议的时候不会瞻前顾后；不会在发现难得机遇时犹豫不决；绝不会一再容忍不能再用的人；在应该果断处置的当下不会畏首畏尾。

"胆识"如何铸就？

不要经常使用缺乏自信的词句；不要经常反悔，轻易推翻已经决定的事；在众人争执时有自己的主见；面对不公正、不仁义之事不能一味沉默；不要不好意思处罚犯错的员工；想好退路，然后鼓励自己放手一搏。

5. 细心

中国伟大思想家老子曾说："天下难事，必作于易；天下大事，必作于细。"细心之人，给人的感觉一定是谨慎、缜密、专业和完美。

"细心"管理者特点：

不会空喊目标和口号，而是制定策略贯彻执行；不但把事情做对，还会把事情做好；在竞争中总会快竞争对手一步，高人一档；总会在执行过程中，看出决策的破绽和漏洞。

"细心"如何培养？

经常思考身边所发生之事的因果关系；对于执行不到位的问题，

要去挖掘其根本症结；要善于对习以为常的做事方法提出改进或优化建议；养成有条不紊和井然有序的习惯；随时随地对不足的地方"补位"。

6. 担当

面对难事大事，总是推卸责任或消极逃避的人，如何能承担起重任？能成大事者，一定是勇于担当的人。有担当的人给人的感觉是负责、明快和直率。

"担当"管理者的特点：

出现任何问题都不会逃避；遇到慌乱不会临阵脱逃；不会粉饰太平；下属犯错依然会承担起责任。

"担当"如何打造？

遇到过失，先从自身反省找原因；项目结束先审查过错再列出功劳；开始计划前要先确定责任和权力。

7. 大度

胸怀的大小决定了成就的大小和品牌的高低。海纳百川，有容乃大，内心大度的人表现出来的是一种宽容、慷慨、谦和与分享。

"大度"管理者特点：

遇到不同的声音或意见绝不刻意打压；下属会非常忠诚，不会纷纷离开；在竞争激烈的市场中不会到处树敌。

"大度"如何修炼？

不要将伙伴变成对手；不要斤斤计较别人犯下的小过错；尽量避免因权力产生的傲慢和因知识产生的偏见；经常与人分享成果和成就；当遇到需要奉献或牺牲时走在最前面。

领导智慧

孔子说："修己以安人。"作为一个管理者，如果你能够首先将自己管好，然后使你的追随者感到心安，你的管理就真正上了轨道。

君子谋道不谋食

孔子说："君子谋道不谋食。耕也，馁在其中矣；学也，禄在其中矣。君子忧道不忧贫。"也就是说，君子谋求学道行道，不谋求衣食。去种地，会常常挨饿；去学习，可以获得俸禄。君子担心学不成道，不能行道，不担心贫穷。

孔子这段话讲的是人生修养的境界问题。真正的君子不是担心衣食，不是担心物质利益，而是担心自己能否修道成功。这段话蕴含着丰富的人生哲理，孔子以此语警醒天下有识之士要时常鞭策自己提升修养。成功的境界取决于人生修养的高度。

千古名篇《岳阳楼记》，深刻地表达了范仲淹"不以物喜，不以己悲"的阔大情怀和"先天下之忧而忧，后天下之乐而乐"的政治抱负，也充分展现了作者崇高的人格和宽广的胸怀。

范仲淹通晓六经，很多学习儒家经典的人，都来向他请教，他捧着经书为人们讲解，从来不知疲倦。他还曾经用自己的俸禄购买饭食，供给前来求学的各地游士，以致自己的孩子们衣履不整，出门时不得不轮流更换一件较好的衣衫，范仲淹对此却处之泰然。后来官至龙图阁大学士，虽然富贵起来，但没有宾客在场时，一餐仍不吃两份肉菜。妻子儿子的衣食，也是刚够吃够用，然而，他喜欢将自己的钱财赠送给别人，在家乡还创置了"义庄"，用来赡养和救济那些无依无靠的本宗族的人。他待人十分亲热敦厚，并乐于替人家办好事。当时士大夫间注意品格修养和讲究节操的风尚，正是在范仲淹的倡导下开始形成的。

范仲淹为人正直，刚正不阿，对于个人的升迁去留或褒或贬从不计较。他与宰相吕夷简不和，又因他屡次上书，批评朝政，惹得皇帝不高兴而将其贬出京城，后又调任陕西路永兴军的知军州事。

在新任上，他积极整顿军备，训练队伍，改变战略，当战则厮杀疆场，当和则加以安抚，不几年工夫就使西线边防稳定了下来。

他处理政事，最讲究"忠厚"二字，所到之处，多有惠民的德政。邠州和庆州的百姓，与归附宋朝的羌族人民，都画了他的肖像，给他立生祠来纪念他。待到他逝世时，各地听到噩耗的人，都深深为之叹息。羌族首领数百人聚众举哀，像父亲死去一样痛哭斋戒了三天才散去。后人在他的碑上铭刻"廉洁俭约，克己奉公，直言尽职，利泽生民"等语。

范仲淹胸怀天下，"先天下之忧而忧，后天下之乐而乐"，在古代官场上树起了一座风范之碑，开拓性地注释了"谋道不谋食，忧道不忧贫"。他的这种精神即使在今天看来，也是光辉崇高的，值得每一个人去继承和发扬。许多成功人士正以不同的方式来践行着这种精神之精髓。

领导智慧

一个具有很高修养的人，不会只为薪水工作，正所谓"谋道不谋食，忧道不忧贫"。志向远大者，也不会被身边琐事纠缠。就像这句话所说："伟大的愿景一旦出现，大家就会舍弃琐碎的事。"

"九思"是一门必修课

《论语》有一句话："君子有九思。视思明，听思聪，色思温，貌思恭，言思忠，事思敬，疑思问，忿思难，见得思义。"意思是说君子看问题要透彻，对别人反映的问题要听端详，对人面容要温和，仪容要恭敬，说话要诚实，做事要谨慎认真，有疑问要向别人请教，气愤的时候要想到可能带来的灾患，有所收获时就要仔细想一想其中的原因。

这段话的核心是讲"思"，其实质是用脑想问题。"九"是阳数之极，所以孔子以九思概述，意思是说要多方面思考、多角度想问题。在企业管理中，一名优秀的管理者同样要从这九个方面严格要求自己，从而进行对照和提升自身修养。

（1）要有透过现象看本质的眼光，即"视思明"。看人看事要分得清是非，辨得明真假，要把人和事看得通透才能想得明白，看人要有眼光、眼力和眼界。遇到问题要考虑清楚，眼界要开阔，要做到站得高，看得远，不能一叶障目不见泰山。在一些重大问题上要有长远的眼光，运筹于帷幄之中，决胜于千里之外。不能只看眼前利益，追逐蝇头小利。

（2）要善于倾听，即"听思聪"。耳聪才能明辨，管理者要会听，善纳"基层之音"，多多听取下属的想法、意见，虚心听取来自不同角度的声音，并要听进心里，并针对此信息进行调查考证。不要迷失在歌功颂德的言语中，要善于在异口同声中听出"弦外之音"。

（3）要有平和的态度，即"色思温"。管理者在日常的人际交往中达到心境的平和，有一种"不以物喜，不以己悲"的心理素质。工作中，对待下属及同事应该有平和的心态、温润的言语。要心怀宽广，有容乃大；在人际交往中要处变不惊，潇洒自如。

（4）要有得体的举止，即"貌思恭"。这里强调的是待人处事的仪容的恰到好处。优秀管理者不仅透彻领悟人性，而且具有正直、高尚的人格，他们总是厚德待人，即平等、真诚、宽容地对待他们的下属与上级。

（5）要有诚信，即"言思忠"。孔子一直倡导"言必信，行必果"的思想。优秀管理者要言行一致，说出的话掷地有声，常言道"君子一言，驷马难追"。"言必信，行必果"是人际交往中的一条基本原则，因为它可以促进人与人之间关系的和谐与美妙，这就要求管理者说话应表里如一，真诚坦率地与人交往，把真实的自己显示给对方，不刻意隐瞒自己的看法和真实感情。

（6）要敬业，即"事思敬"。管理者在工作中要做到敬业，做每一份事业都需要全心全意，都要全情投入。没有随随便便就能做好的事情，只有仔细思考，周密准备，态度认真，才能把事情做好。作为管理者，敬业精神是干好管理工作的基石。

（7）要有不耻下问的精神，即"疑思问"。人非圣贤，孰能无惑？关键在于遇到问题要多问。只有不断发现问题，不断思考问题，才能不断解决问题，才能不断进步。管理者要好奇，遇到疑惑要想到发问。

（8）要学会节制自己，即"忿思难"。管理者要学会管理和掌控自己的情绪，要懂得节制自己。俗话说"忍一时风平浪静，退一步海阔天空"。总结前人的经验，要做到"忿思难"，关键是练就一个"忍"字。所以小忿要忍，大忿也需要忍气制怒。

（9）要取财有道，即"见得思义"。管理者不要被利益所迷惑，见到利益时要考虑到是否合乎道义。优秀管理者应该洁身自好，淡泊名利，重义轻财，先义后利。严守道德底线，不为金钱所困，不为名利所惑，不为权欲所制，在利益面前坚守自己的道义标准。君子爱财要取之有道，切不能把道义放两旁，把"利"字摆中间。

领导智慧

领导者要善于从多方面、多角度思考。思考要有具体途经和方法，要有思考的对象，要有思考的载体，要有思考的内容。

领导要为下属的过错承担责任

李嘉诚有句名言："员工的错误就是管理者的错误。"李嘉诚是一个非常宽厚的商人，十分体谅部下的难处。

多年的经商经验让他懂得，经营企业并不简单，犯错是常有的事情，所以只要在工作上出现错误，李嘉诚就会带头检讨，把责任全部揽在自己身上，尽量不让部下陷于失败的阴影。他时常说："下属犯错误，领导者要承担主要责任，甚至是全部的责任，员工的错误就是公司的错误，也就是领导者的错误。"

李嘉诚的诚恳态度令人敬佩，他的能够勇于承担责任、不找借口推脱的习惯，还要从小时候在舅舅家打工说起。

当时，初到香港的李嘉诚，在舅舅家的钟表公司工作。他非常好强，不愿落在别人后面，做事情总是想着如何超越他人。自从加入钟表公司，李嘉诚非常勤奋，在别人休息时，他也在学习如何修理钟表。为了尽快提高自己的技艺，李嘉诚还专门拜了一个师傅，遇到不懂的问题就去请教师傅。师傅觉得李嘉诚非常聪明，而且又如此好学，也很愿意教他。

有一次，师傅因为被派到外面去工作，李嘉诚便自作主张地开始自己动手修手表。但由于欠缺经验，不但没有修好，反而还把手表给弄坏了。李嘉诚知道自己这下闯了大祸，他不但赔不起手表，还有可能丢掉这份工作。

然而当师傅回来发现李嘉诚把手表弄坏后，却没有骂他，只是轻描淡写地告诉他下次不要再犯类似的错误。同时，师傅主动找到李嘉诚的舅舅，解释说是因为自己一时疏忽不小心把手表掉在地上，要求给予处分。师傅绝口不提李嘉诚修表的事情，这事使李嘉诚深有感触。

本来是自己的错误却让师傅承担下来，李嘉诚觉得过意不去，于是就向师傅道谢。结果师傅告诉他："你要记住，无论以后做什么工作，作为领导者就应该为自己的下属承担责任，部下的错误就是领导者的错误，领导者就应该负起这个责任。否则，就不配当领导。"

尽管当时的李嘉诚年纪很小，不能完全领会师傅的意思，但是这句话却如同烙印一样深深地印在他的脑海里——主动为部下承担过失的领导者，才是一个好领导者。

领导智慧

不找借口，能够勇于承担责任的管理者，展现的是一种高风亮节与光明磊落，不仅能让上司器重，更能增加威望，令下属更易管理。

凡事苛刻是大忌

凡事苛刻的领导者不会获得追随者，只有那些具有宽阔胸怀的人，才能赢得人的信赖和忠诚。事业是用胸怀丈量出来的，要想成功，首先要使自己的胸怀更为宽阔。古今中外，凡成大事者，无不以广阔的胸怀取胜。

迈克尔·乔丹不仅是一名球艺精湛的著名球星，还是一位胸怀宽广、欣赏自己的对手的人。

很多年前的一场 NBA 决赛中，NBA 中的另一位新秀皮蓬独得 33 分，超过乔丹 3 分，因而成为公牛队中比赛得分首次超过乔丹的球员。比赛结束后，乔丹与皮蓬紧紧拥抱，两人泪光闪闪。

开始时，由于皮蓬是公牛队中最有希望超越乔丹的新秀，他自己也时常流露出一种对乔丹不屑一顾的神情，还经常说乔丹在某方面不如自己，自己一定会推翻乔丹在公牛队的首席位置这一类话。但乔丹并没有把皮蓬当作潜在的威胁而排挤皮蓬，而是以欣赏的态度处处对皮蓬加以鼓励。

有一次，乔丹对皮蓬说："我俩的三分球谁投得好？"皮蓬有点心不在焉地回答："你明知故问，当然是你。"因为那时乔丹的三分球成功率是 28.6%，而皮蓬是 26.4%。

但乔丹微笑着纠正："不，是你！你投三分球的动作规范、自然，很有天赋，以后一定会投得更好，而我投三分球还有很多弱点。"还对他说："我扣篮多用右手，习惯地用左手帮一下，而你，左右都行。"这一细节连皮蓬自己都不知道，他深深地为乔丹的话语所感动。

从那以后，皮蓬不再把乔丹当成对手，两人彼此欣赏对方，成了最好的朋友。

乔丹不仅以球艺，更以他那坦然无私的广阔胸襟，赢得了所有人的拥护和尊重，包括他的对手。

胸怀宽广的重要标志是宽容。宽容是一种美德，一个优秀的管理者若能以宽宏的度量来对待下属，必将获得下属的信赖。但宽容也需要智慧，领导者在管理工作中要学会在适当的时机给出错的人一个"台阶"。如果你能帮他保住面子，维护他的尊严，他必然会对你极其信服，更加高效地工作。

领导智慧

"宰相肚里能撑船，将军额上能跑马"，自古以来，英明的领导者都具有心胸宽广的特征，小肚鸡肠之辈是不可能做好领导者的。

诚信是一笔无形的财富

王永庆先生说过："做生意和做人的第一要素就是诚实，诚实就像是树木的根，如果没有根，树就别想再有生命了。"诚信对一个人、一个企业都是无形的财富，是一笔巨大的无形资本，无论是个人还是团队坚持走正直诚实的道路，必定会实现良好的愿景。相反，如果缺失诚信，事业就缺少了发展的基础。

正如著名翻译家傅雷说的："一个人只要真诚，总能打动别人的心，即使人家一时不了解，日后便会了解的。"领导者如果能够以诚待人、以诚做事，一定会得到越来越多的支持和帮助，事业一定会开创出一个崭新的局面。

　　早在五百多年前，有一个名叫支巴那的英国人，他是一个海上贸易商人。为了避开激烈的海上贸易竞争，他决定带领几名船员出航，试图从英国往北开辟一条新的到达亚洲的航行路线。一天晚上，他们到了北极圈内一个不知名的岛屿上，一时狂风大作，他们不得不停下。可是就在第二天早上却突然发现自己的船航行在海面的浮冰里，这时他们才意识到被冰封的危险迫在眉睫。经过艰苦的努力也没能摆脱困境，最终他们不得不放弃返航的努力，把船停泊在岛屿旁边。

　　随后，他们面对的是恶劣的天气，北极圈一年只有几个月暖和的天气，冬季漫长而寒冷，冰冷刺骨的寒风异常凶猛、肆虐。没有人类生存的岛上覆盖着几米厚的积雪，这些雪被零下 40℃ ~ 50℃ 的严寒冻结得像花岗岩一样坚硬。再加上北极圈内经常降暴风雪，无论如何他们暂时是无法走出北极圈了，支巴那和船员们只有在这荒芜的岛上度过这个冬季。

　　有船员提议不如用船上的衣物与食品来维持生命，船长支巴那坚决反对，于是他让船员们拆掉除装载货物的其他船只，靠这些燃料来抵抗严寒，靠打猎来获得生存的衣服和食物，就这样他们期待着冰雪消融的一天。在这样恶劣的险境中，多数船员死去了。船长支巴那和他的水手们却做了一件令人难以想象的事情，他们丝毫未动别人委托给他们的货物。

　　漫长的几个月后，幸存的支巴那船长和几名船员把货物几乎完好无损地带回英国，送到委托人手中。支巴那船长和船员们的做法震动了整个欧洲，海上贸易也取得巨大的反应，欧洲其他国家也被支巴那如此诚信的做法打动了，纷纷要求与其合作。

支巴那船长和他的水手们不惜用生命为代价，坚持诚信的信念，为整个英国的海上贸易起到了巨大的推动作用，以至于到后来英国的贸易几乎延伸到地球的每一个角落，成为整个世界的经济中心和最富庶的地区。他的事例充分说明了诚信甚至比生命还重要。

诚信虽然并不是看得见的实物，但它永远如同传感器一样被员工、客户及合作伙伴敏锐地感知。当诚信成为一个人的标志时，这个人不仅具有高度的号召力，还会赢得客户及合作伙伴的高度信赖。

领导智慧

管理者只有做到诚实可信，才会被下属信任，才会产生卓有成效的领导力。的品格甚至比能力更重要。管理者能力再强，若失去了诚信的品质，也很难有大的成就。

让目标激励自己前行

树立目标，可以给你增强努力做好工作的欲望和力量。在受到挫折乃至失败的时候，这个目标会给你力量，让你继续支撑下去，让你继续奋斗。如果一个管理者不知道要实现什么样的目标，为什么要实现这个目标，那么他是不可能成功的。

《工业周刊》对美国管理者所作调查，为工作目标的流行提供了有趣的见解。

首先是好消息，75%的被调查者认为他们有明确的工作目标；坏消息是，否定的回答在每一较低的管理者层次都有所增加。在高层管理者中，80%的人回答有明确的目标，中层管理者降为70%，基层管理者中只有61%。

绩效标准的明确性也随管理层次的降低而降低。61%的高层管理者认为他们在工作中有明确的绩效标准，中层管理者和基层管理者分别只有 53% 和 51%。

这些结果从总体上对不同层次的管理者有一定的适用性，这足以说明，在为管理者提供明确的目标、绩效标准和绩效反馈方面显然还有改进的余地。另外，如果这些结果是对管理者的调查得出的，那么如果对操作工人进行民意测验又会得出什么结论呢？例如，如果目标的明确性随组织层次的降低而下降，那么，理所当然就可以得出下面的结论：或许 50% 或更多的一般员工缺乏明确的工作目标。

但是，一旦确定目标，付诸行动，他应该"独断专行"，坚持到底。这件事说起来容易做起来难，这不但要求管理者有知人之明：相信谁、依靠谁，在听取意见时善于分析，做到去粗取精、去伪存真，而且还要善于在行动中正确选择和把握时机。所以，一个人在某一领域是好的管理者，在另一个领域却不一定是好的管理者。我们不能要求他在任何情况下和在所有领域都是同样好的管理者。

确定目标后，成功的管理者往往能执行到底。

随着社会的发展和技术的进步，未来对管理者提出了更高的要求。作为新时代的管理者，应该是现实主义者，充分认识到行动的重要性，即使是在难以预测结果的情况下，也要坚持不懈。与此同时，管理者又应该是理想主义者，能够在更广阔的视野上，向既定目标顽强地开拓前进，即使这一目标需要几代人的持续努力，也要全力以赴。许多管理者在到达权力顶峰的时候，任期却已行将届满，他们虽然不可能亲眼目睹自己为之终生奋斗的事业取得最后的成功，但仍然勇猛前进。有许许多多这样的管理者——在实业界、教育界、政界、宗教界，他们矢志不渝，奋斗不已。

领导智慧

一旦确定目标，付诸行动，管理者应该有"独断专行"的魄力和坚持到底的毅力。

正直助人成功

字典将正直定义为"完整，一致的状态"。正直的人没有分裂的忠诚（那是口是心非），也不只是假装（那是虚伪）。正直的人是"完整"的人，可以从他们的一心一意中辨认出来。正直的人无所畏惧也无所隐瞒，他们的生活是敞开的书本。吉伯特·毕尔说："一个正直的人，他已确立一种价值体系，生活中的一切都由它来判断。"

正直，不是我们做什么，决定我们是什么人，而是我们是什么人，决定我们做什么。价值体系是我们的一部分，因此不能将它跟我们分离。它已变成引导我们的导航系统，使我们在生活中建立优先顺序，判断我们该接受或拒绝什么。

正直凝聚我们全部的人格力量，助长我们内在满足的精神。当正直担任裁判时，我们言行一致，我们的行为会反映我们的信念。在幸福美满或遭遇不幸的时候，我们的样子和家人所认识的我们之间，没有矛盾。不管我们的环境如何，牵涉到什么人，或我们在什么样的地方测试，正直允许我们预先决定将会怎么做。正直不只是两个欲望间的裁判，它还是快乐的人和分裂心灵间的轴心点。不管有什么阻拦我们，它允许我们成为一个完整的人。

为赢得信任，管理者必须可靠。为做到这一点，必须做得像伟大的作曲家那样——歌词与音乐必须契合。

管理者言行必须一致。例如：

我们对员工说："上班要准时。"我们准时上班，他们也会准时上班。

我们对员工说："要积极。"我们展现积极的态度，他们会表现积极。

我们对员工说："顾客第一。"我们把顾客摆在第一，他们也会把顾客摆在第一。

人们学习到的东西，89%是经由视觉的刺激，10%透过听觉刺激，另外1%是其他的感觉。所以，可以解释很多追随者看到和听到他们的管理者言行一致，他们也忠诚一致。他们听到的，他们明白；他们看见的，他们相信！

我们常企图以噱头激励我们的追随者，那是短暂和肤浅的效果。人们要的不是说的座右铭，而是可以看的典范。

正直赢得信任。你越可靠，别人就对你越有信心，因而允许你的特权影响他们的生活；你越不可靠，人们对你越没信心，你就会越快丧失你影响别人的地位。在一项调查中，大多数的资深主管认为，正直是事业成功最必要的特质。在提高一位主管的成效方面，有71%的人，在16个项目中将正直列为排名第一。

大卫·艾森豪说过："为了当一个领袖，一个人必须有追随者。为了要有追随者，一个人必须拥有他们的信心。因此，一个领袖最重要的特质就是不容置疑的正直。没有它，不可能有真正的成功。如果一个人的同事发现他作假而心虚，如果他们发现他欠缺正直，他会失败。他的言语和行动必须互相一致。因此，最需要的是正直和高贵的目的。"

可悲的是，有很多管理者永远得不到足够的权威以变得有效。为什么？他们舍本逐末，他们缺乏权威，最重要的，他们缺少正直。卡内基—美仑大学的一项调查显示，400位经理中，有45%信任他们的高层经理，有30%不信任他们的顶头上司。

卡维持·罗伯说："若我的人了解我，我会得到他们的注意；若我的人信任我，我会得到他们的行动。"一个有权威的领导，他要的不只是头衔，他必须得到追随者。

领导智慧

正直是一个领导者所具备品质的核心和灵魂，因为没有一个下属愿意追随一个弄虚作假或有意欺骗的领导者。

整洁得体的服装能够显示你的风度和自信

那是 1960 年 9 月 26 日，肯尼迪与尼克松面对美国 7000 万电视观众，举行了第一次辩论。应该说，双方都为此做了充分的准备。

当两人同时出现在屏幕上时，形势立即对尼克松不利起来。本来，在人们的印象中，尼克松思维敏捷口齿伶俐、意志坚强、经验丰富，而肯尼迪似乎略为逊色，当时的民意测验也表明，尼克松以 50%比 44%的多数票稳稳领先，从副总统的位置迈进到总统的宝座，是十拿九稳了，只是事情发生得太不是时候——不久前他的膝盖被撞伤，伤痛使他的体重减轻了七磅，致使衣服显得松垮、衣领肥大；加上没有化妆，暗青色的两腮好似涂了"胡须膏"，强烈的灯光在他眼窝周围形成了很深的阴影。偏偏这时受伤的膝盖又疼痛不止，所有这些，使尼克松显得憔悴不堪、筋疲力尽、可怜巴巴，正像历史学家罗杰·巴特菲尔德说的那样："他让全世界看来，好像是一个不爱刮胡子和出汗很多的人，忧郁地等待着商业广告，告诉他怎样不要失礼。"

而这时的肯尼迪，服装雅致、整洁，经常的体育锻炼，使这个六英尺一英寸身高的人，体重保持在 175 磅，显得健康结实，虽然他的心情紧张得像一个就要进入赛场的职业拳击手，但外在形象却是精神饱满、气宇轩昂，而正是这翩翩风度，使他赢得了人心。

由此可见，尼克松是败在他的仪表上。得体的仪表顺眼舒服，使人振奋，也显示他的信心和力量，否则会使演讲者大为逊色。就尼克松来说，尽管其他各方面似乎都比肯尼迪略高一筹，但对电视观众来说，同形象的差异相比，辩论的实质分歧已经显得不那么重要了，经过八年艾森豪威尔的老祖父式的统治，尤其在世界形势复杂多变的 20 世纪 60 年代，美国人民希望的是，有一个具有崭新的领袖风度的总统，而肯尼迪风流倜傥、踌躇满志的形象，恰好满足了电视观众的心理需求，两相对照，尼克松焉有不败之理？

领导智慧

"以貌取人"不仅出现在选美比赛中，而且时时刻刻都存在着。只不过有时候是人们可以自我意识到，有时候意识不到。无论如何，得体的服装对领导者是有百利而无一害的。

讲究风度美

风度是一个人的气质和修养的集中反映，是内在气质与修养的外化，因而它是内隐与外显相结合而存在的。管理者仪表非凡，对外交往不卑不亢，对内交往彬彬有礼，始终表现出一种友好善意、从容敏捷，即使在容易使人悲伤和愤怒的时候，也不失常态，下属对这样的管理者便乐于接受和交心，并为有如此精神风貌的管理者引以为自豪。

管理者以崇高为特征的风度美需通过与之相适应的美的神态、举止和言谈来体现。诸如神态上的自信、庄重、冷静，举止上的文雅、稳重、洒脱，言谈上的智慧、机敏、诚恳等均利于表现风度中的崇高美。其中自信的神态、稳重的举止和智慧的言辞则是老练、深沉、威严和强悍的主要标志。

最能表现威严和强悍的是自信的神态。在管理者的身上，寄托着追随者们成功的希望，管理者只有作为希望的化身才能显示其威严和强悍。由此要求管理者必须对自己的事业和能力有充分的信心，而神态上的自信则正是管理者这种信心的外在体现。毛泽东的一张新民主主义革命时期的照片，双手叉腰、两腿叉开、双唇紧闭、头稍扬，微微眯起的眼睛透着奕奕神采。他那自信的神态往往令人肃然，人们从中可以感受到中国革命的希望之光。

稳重的举止有利于体现管理者的深沉，深沉根植于管理者的自我修养。人们常常以一个人举止上的文雅、稳重与否来衡量其是否深沉，管理者也无例外。但管理者的文雅不同于文弱书生的柔弱，在管理者文雅、稳重的举止中透露着壮伟之美。任何一个管理者如果在举止上缺少文雅和稳重，都将以少于深沉、流于浅薄而失去人们的敬重。

智慧的言辞最利于表现管理者的老练。管理者的老练不同于油滑，它是管理者沉着冷静、才思敏捷和富于经验的代名词，其最主要的形式便是富于智慧的言谈。有人在表达一种思想或揭露一场骗局时，言简意赅、语言犀利、切中要害，以至令对手语塞，甘拜下风；有人善于机敏巧妙地回答任何难题，既应对自如，又无懈可击，如此等等，均可在很大程度上表现出他们的沉着和老练。

每个人都在世界这个大舞台上扮演着自己的角色。为了把自己的形象塑造得更为完美，管理者有必要在"出场"之前，根据自己角色的特点对自己的风度进行自我设计。在美国，有一个专为总统设计风度的"公共关系公司"。它集中了画家、作家、心理学家、作曲家、美容师、服装设计师等各方面人才。他们根据总统的特点及其"上场"后的背景为总统设计出各种表情、动作、服装和常用语等，以便总统一出场，即以美的风度唤起人们的好感与共鸣。由此足见对管理者的风度进行设计的必要性与可能性。

管理者的风度可以由他人协助设计，但更主要的是要靠管理者本人的自我设计。因为只有通过自我设计，管理者才能在深刻理解自己角色的基础上更为有效地塑造自己的形象。在世界上伟大管理者的行列中，不乏自觉为自己设计美的风度并按其塑造自身的人。前法国总统戴高乐即为一例。他曾明确意识到："我发现在别人心目中存在一个名叫戴高乐的人，而那个戴高乐实际上是一个与我无关的独立的人。"为了成功地塑造这个戴高乐的形象，他不仅在各种公开场合注意自己的穿着和神态，而且自觉约束自己的言行。他说："有许多事我本来很想做但却不能做，因为那些事是不符合戴高乐将军的身份的。"为了戴高乐将军的形象，他不惜在出现于电视屏幕上之前，费时去背诵演讲稿，直到脱稿自如地演讲；他曾在阿尔及利亚的殖民者们向他的权威挑战时，有意穿起将军服，以他将军的身份再次唤起法国人民团结奋斗的激情；他曾在险遭暗算之时，镇定自若、谈笑风生……正如他自己所说："在我作一次讲话或是做出一个重要决定之前，我总得问我自己，'戴高乐会同意这个吗？这就是人民期待的戴高乐吗？这是否符合戴高乐和他所扮演的角色？'"

　　风度之所以具有超乎寻常的魅力，原因在于它是精神美的自然流露，是一个人品格修养、情操志趣、文化素质的外在表现，因而具有一种强大的情绪扩散力和感召力。如果一个管理者具备了这一点，就会在人们心目中占据绝对的心理优势，使人们自觉或不自觉地通过管理者富有特色的言谈、举止和神情，去探索他具有美学价值的精神境界，进而形成一种作用于人的灵魂的美感效应。有了这种深入人心的复杂微妙的美学情思，就能达到显著的思想教育功能，交流情感、陶冶性情功能，政治宣传功能，潜移默化的感染功能等。

领导智慧

　　一个现代管理者，应该根据自身所处的社会环境，吸取当代思想文化之精华，加强素质修养，调整充实知识结构，形成现代的价值观和行为方式，并把这些熔铸在自己的基本品格之中，形成独具特色的风度。

正确运用韬晦策略

韬晦智慧历来受到中国人的重视，历大事者做事，不轻易暴露，往往掩饰得很深，只有在成功之后才可以论说其成功之谜。提及在现实中把握自己的志向目标，便成为一个正确运用韬晦策略的问题。

使用韬晦之策而显示人生智慧的突出例证，是《三国演义》中刘备与曹操"青梅煮酒论英雄"时的表现。那时刘备在吕布与曹操两大势力争夺中无法保持中立，只好依附曹操，共灭吕布。

曹操在许田围猎时故意表露出篡位的意图，以试探臣下的心态。当时大臣们敢怒不敢言，只有关羽"提刀拍马便出，要斩曹操"，倒是刘备"摇手送目"，拦住关羽，还要用语言恭维曹操说："丞相神射，世所罕及！"体现出深隐的心机。于是当董承、王子服等人凭汉献帝血写密诏结盟讨伐曹操时，便把刘备也拉入这个政治集团之内。刘备签名入盟后，"也防曹操谋害，就下处后园种菜，亲自浇灌，以为韬晦之计"。

不想曹操何等精明，他想刘备这样志向远大的英雄突然种起菜来了，一定有什么重大事情影响了他，于是派许褚、张辽引数十人入园中将刘备请至丞相府，"盘置青梅，一樽煮酒，二人对坐，开怀畅饮"，演出一段脍炙人口的历史剧。当时，曹操几乎明知故问，要刘备承认自己本怀英雄之智。刘备则故意拉扯旁人，先抬出最让人看不起的袁术，曹操斥之为冢中枯骨。刘备又举出袁绍、刘表、孙策、刘璋等人，唯独不提参加了董承为首的讨曹联盟的马腾和他自己。曹操自然不满意，干脆直言相告："今天下英雄，惟使君与操耳！"刘备所担心的是讨曹联盟之事暴露，听到曹操称自己为"英雄"，以为事情已经暴露，手中匙勺也掉在地上。为避免曹操进一步怀疑自己，只好推说是害怕雷声所致。不想曹操想这样一个连雷声都害怕的人，根本不是什么"英雄"，反而将戒备的疑心放下。为后来刘备借讨伐袁术为名领兵出发，"撞破铁笼逃虎豹，顿开金锁走蛟龙"，奠定了基础。

韬晦之策实际是在一个人的力量尚无法达到自己追求的目标时，为防止别人干扰、阻挠、破坏自己的行动计划，故意采取的假象策略。韬晦之策有明确的目的性与功利性，具有极强的主观意识，于是极富于人的主体精神。韬晦之策又有极强的进取性，虽然在表面上有许多退却忍让，却更显示人的韧性与忍辱负重的内在力量。韬晦之策又因有极大的隐蔽性而具有极强的实效性，它往往攻其不备而出奇制胜，取得事半功倍的效果。

领导智慧

韬晦之策是精明人假装糊涂的一种策略。正确使用韬晦之策，实在是把握领导规则的重要内容之一。

忍一时之气换来有利的局势

忍让是一种眼光和度量，能克己忍让的人，是深刻而有力量的，是雄才大略的表现。

楚汉相争中，刘邦由于势力较弱，经常吃败仗。汉四年，刘邦兵败，被项羽围困在荥阳。他的大将韩信自领一军，北上作战，捷报频传，连下魏、代、赵、燕诸王国，最后又占领了齐国全境。

韩信派使者来见刘邦说："齐人狡诈反复，齐国又与强楚为邻，如果不设王威慑，不足以镇抚齐地，请大王允许我暂代齐王。"

刘邦一听，勃然大怒，破口大骂："我坐困荥阳，日夜盼望你韩信带兵来增援，你不但不来，反要自立为王！我……"此时的刘邦只看到了自己所处的危境，所以也就全然没有了风度，把自己的本性暴露无遗。正说着，刘邦感到自己的脚被人狠狠踩了一下。他发现坐在边上的张良向他示意了一下，便止住了下面的一连串骂人的话语。

张良清楚地知道韩信是当世首屈一指的将才，目下又拥有强大的兵力，处在举足轻重的地位上。刘邦如与韩信翻脸，会对他大大不利；反之，如果能调动韩信的兵马，就能重创楚军，使楚汉对峙的局面向有利于自己的方向转变。

因此，张良靠近刘邦，悄声说："大王，韩信手握重兵，右投则大王胜，左投则项羽胜。我们对他的要求要慎重考虑。"刘邦气还未消，不高兴地冲着张良说："那你说怎么办？难道就被这小儿挟持不成？"

张良说："现在我们正当危急时刻，弄翻了关系，他自立为王，我们也毫无办法。逼急了他，他一旦与项羽联手，大王的大事危矣！不如趁势正式立他为王，调动他的军队击楚。如果不迅速决断，迟则生变！"

刘邦毕竟是非常聪明的人，听了张良的话，马上恢复了理智，但他仍接着刚才气汹汹的口气骂道："男子汉大丈夫，要做齐王就做真齐王，做什么代齐王！"

刘邦当即下令派张良为使节，带着印绶到齐地去，立韩信为齐王，并征调韩信的军队。局势很快发生了重大转折：汉军由劣势向优势转变，逐渐对楚形成了包围之势。

后来，刘邦终于在垓下全歼楚军，赢得了战争的最后胜利。应该说，刘邦在隐忍方面做得非常好。反之，韩信要官做，急于成王的行为则背离了隐忍的大道，因此，他最终被杀，在很大程度上也跟他自己锋芒太露有很大的关系。

领导智慧

俗话说，"小不忍则乱大谋"，在人生的紧要关头，忍一时之气是为了换来有利局势。如果在危急时刻贸然做出行动，会激起反抗力量的攻击，让全盘计划最终落空。胸怀韬略者明白，以一时的忍耐可以实现自己的理想和宏伟目标。

能忍小失，才会有大得

很多先哲都明白得失之间的关系。他们充满远见，以一时的小失，换得更多的回报，而非一时一事的得与失。

春秋战国时期的宓子贱，是孔子的弟子，鲁国人。有一次齐国进攻鲁国，战火迅速向鲁国单父地区推进，而此时宓子贱正在单父。当时也正值麦收季节，大片的麦子已经成熟了，不久就能够收割入库了，可是齐军一来，这眼看到手的粮食就会让齐国抢走。当地一些父老向宓子贱提出建议，说："麦子马上就熟了，应该赶在齐国军队到来之前，让咱们这里的老百姓去抢收，不管是谁种的，谁抢收了就归谁所有，肥水不流外人田。"另一个也认为："是啊，这样把粮食打下来，可以增加我们鲁国的粮食。而齐国的军队也抢不走麦子做军粮，他们没有粮食，自然也坚持不了多久。"尽管乡中父老再三请求，宓子贱坚决不同意这种做法。

过了一些日子，齐军一来，真的把单父地区的小麦一抢而空。为了这件事，许多父老埋怨宓子贱，鲁国的大贵族季孙氏也非常愤怒，派使臣向宓子贱兴师问罪。宓子贱说："今天没有麦子，明年我们可以再种。如果官府这次发布告令，让人们去抢收麦子，那些不种麦子的人则可能不劳而获，得到不少好处，单父的百姓也许能抢回来一些麦子，但是那些趁火打劫的人以后便会年年期盼敌国的入侵，民风也会变得越来越坏，不是吗？其实单父一年的小麦产量，对于鲁国强弱的影响微乎其微，鲁国不会因得到单父的麦子就强大起来，也不会因失去单父这一年的小麦而衰弱下去。但是如果让单父的老百姓，以至于鲁国的老百姓都存了这种借敌国入侵能获得意外财物的心理，这是危害我们鲁国的大敌，这种侥幸获利的心理，那才是我们几代人的大损失呀！"

宓子贱自有他的得失观，他之所以拒绝父老的劝谏，让入侵鲁国的齐军抢走了麦子，是认为失掉的是有形的、有限的一点点粮食，而让民众存有侥幸得财得利的心理才是无形的、长久的损失。得与失应该如何取舍，宓子贱做出了正确的选择。领导者须明白，忍一时的失，才能有长久的得，要能忍小失，才能有大的收获。

领导智慧

天道有恒，失与得之间往往没有那么绝对。忍一时的小失，得到大的收获。这是领导者应有的智慧。

自信使人无坚不摧

"信心是心灵的第一号化学家。当信心融合在思想里，潜意识会立即拾起这种震撼，把它变成等量的精神力量，再转送到无限智慧的领域里，促成成功思想的物质化。"因此，信心的力量是惊人的，它可以改变恶劣的现状，形成令人难以置信的圆满结局。

一个成功的领导者往往有很强的信心，甚至会有咄咄逼人的感觉。他们既会在自己内心里相信自己，也会在公众面前表现出这种自信心。他们一般不会斤斤计较、心胸狭窄，他们也永远不会畏首畏尾、推诿责任。要拥有这样的自信，领导除了对自己和自己正在经营的事业有着无比坚定的信念外，也可以在生活细节中培养散发这种自信，比如在开会时挑前面的位子坐，在讨论中习惯当众发言，与人说话时礼貌地正视别人等。

1. 挑前面的位子坐

大部分占据后排座位的领导人，都希望自己不会"太显眼"，而他们怕受人注目的原因就是缺乏信心。坐在前面能建立自信心，把它当作一个规则试试看，从现在开始就尽量往前坐。当然，坐前面会比较显眼，但要记住，有关成功的一切都是显眼的。

2. 练习正视别人

一个人的眼神可以透露出许多有关他的信息。正视别人等于告诉他：我很诚实，而且光明正大。我相信我告诉你的是真的，毫不心虚。

3. 练习当众发言

在会议中沉默寡言的领导人都认为："我的意见可能没有价值，如果说出来，别人可能会觉得很愚蠢，我最好什么也不说。"这些人常常会对自己许下很渺茫的诺言："等下一次再发言。"可是他们很清楚自己是无法实现这个诺言的，这样他会愈来愈丧失自信。从积极的角度来看，如果尽量发言，就会增加信心，下次也更容易发言。所以，要多发言，这是信心的"维生素"，不要担心你会显得很愚蠢。不会的。因为总会有人同意你的见解，所以用心获得会议主席的注意，好让你有机会发言。

领导智慧

领导的自信是领导魅力和号召力的源泉。自信就像一面迎风飘扬的旗帜，将追随者凝聚起来，带领他们朝着目标坚定不移地前进。

第二章
人尽其才则百事兴

资产只是一个数字，人才是真正的财富

资产只是一个数字，人才是真正的财富。拥有庞大资产的企业，它的实力一定非常雄厚，但如果该企业缺乏各种人才，那么它的兴盛也是短暂的。与此相反，拥有较少资产但注重人才的企业必定会拥有一个更好的发展前景。人才是一个企业成功与否的关键，这是国内外企业家所公认的。

美国惠普电子仪器公司从一个只有 7 名员工、538 美元资本的小作坊一跃而成为令人瞩目的国际集团，靠的就是对人才的重视。惠普公司非常注重人才的吸收，并且在员工的智力发展方面投入了大量资金。惠普规定，公司所有的员工，每周必须至少拿出 20 小时学习业务知识。据统计，培养人才所花的资金占公司总销售额的 1/10，所花的人力占公司人力的 1/10。也许有人会质疑惠普的这种做法，但惠普公司却一直把"寻求最佳人选"作为公司发展的主要经验。惠普公司正是懂得了人才是企业真正的财富，所以才能实现从一个小作坊到一个跨国集团的华丽转变。

人才乃取胜之本，谁获得了优秀人才，谁就拥有了最大的竞争力，其潜力是不可估算的。所以企业的经营者不要被庞大的资产所迷惑，一定要注重人才的培养，人才是企业真正的财富。

领导智慧

注重人才的培养是增强企业竞争力和发展动力的最佳方法。

不要为声誉所惑

国外一家公司的主管在介绍该公司挑选人才的经验时说："在聘用员工方面需要记住的教训是'要当心熟面孔'。"这里的熟面孔指的是那些在一个行业里拥有一定声誉的人，千万不要因为某人在你们的行业里拥有较高的知名度就去聘用他，这么做的结果只会是适得其反。例如你公司要推销某种新发明的肥皂，最明智的做法是聘请一个神通广大的推销专家来替你做销售，而不是聘请发明肥皂的化学家来为你做推销。

此外，公司在聘用员工时还要考虑客户的想法。我们以一个高尔夫俱乐部为例，如果该公司聘请了一个拥有较高知名度的高尔夫球手，其最初目的是想迎合大众的喜好，营造名人效应。但现实是你很难将比赛日程繁忙的高尔夫球星从巡回比赛的旅途中拉回来，让他在办公桌前兢兢业业地为你工作。更糟糕的是其他的高尔夫球员们可能会对他产生排斥感，因为他们会觉得："他也不过是一个高尔夫球员，能懂什么呢？"

总而言之，我们在选择雇员的时候，一定要选择那些适合公司的人，而不是那些拥有众多声誉和头衔的人。

领导智慧

在聘用员工时，不要被候选者的声誉和头衔所迷惑。

用最高的位置把最有本事的人留下来

韩信是帮助刘邦夺取天下的主要功臣之一，在楚汉战争中起着至关重要的作用。但在他被刘邦重用之前，也曾因为得不到重用而出走。据《史记·淮阴侯列传》及《汉书·韩信传》的记载，韩信是淮阴人，不仅出身不好，年轻的时候品行也不怎么好，他唯一的优点就是精通兵法，并且胸怀大志。

韩信曾先后投到项梁和夏侯渊的部下，但都没有受到重用。一次，韩信因触犯军法而被判处斩刑，同案的13人均已被行刑问斩。轮到韩信时，他抬头仰视，正好看见滕公，便大声说道："汉王不想成就夺取天下的大业了吗？为什么斩杀壮士！"

滕公见韩信出言不凡，且相貌威武，便释放了韩信，免他一死。此后，滕公向刘邦举荐了韩信，韩信于是被任命为治粟都尉，负责管理全军的粮饷。韩信对于治粟都尉这个职位并不满意，觉得自己在这里没有用武之地。他思来想去，最终决定出逃，另寻可以施展抱负的地方。

刘邦的宰相萧何在得知韩信出逃的消息后，立即乘马去追赶韩信，好不容易把韩信挽留了下来。在追回了韩信之后，萧何向汉王刘邦阐述了他之所以极力挽留韩信的原因。他说："大王，那些逃亡的将领，都是容易得到的人，至于韩信这样的杰出将才，普天下找不出第二个来。大王如果想长久地称王汉中，韩信确实派不上什么用场；如果是想争夺天下，那么韩信就是和你共商大计的不二人选。"

汉王在听了萧何的一番陈述之后，恍然大悟，立即派人召见韩信，要将他拜为大将。萧何赶忙阻拦，并对刘邦说，要想留住像韩信这样的能人，必须表现出对这个人才的尊重。于是汉王选择了一个良辰吉日，事先斋戒，为韩信举办了一个盛大的拜将仪式，封他为"大将军"。

通过这样的一个拜将仪式，不仅显示了韩信所受封的"大将军"的地位非常崇高，也让韩信感受到了自己的价值，从而被刘邦成功地留在了身边，为刘邦日后的称霸提供了重要的人才储备。

从这个典故我们可以看到，有才能的人最大的愿望就是发挥自己的才能。作为一个领导者，应该给那些有能力的人最适合的高位，这才是对他们最好的尊重。

领导智慧

要想让那些有才能的人为己所用，就必须把最高的位置留给他们，以显示你对他们能力的肯定和尊重。

注意那些口碑极好的普通人

善于识别人才的人，通常能够时刻保持着清醒的头脑，并且拥有自己独立的见解，不被别人的意见所干扰。对于那些已经成名并拥有较好口碑的人才，应该多听一听反面的意见，以考察他所拥有的名声是否属实；对于那些尚未成名的潜在人才所受到的赞誉，则应多加留心，因为这些人才还处于萌芽期，人们没有必要夸大他们的才能以献殷勤。所以，人们对潜在人才的称赞是发自内心的，是心口一致的。用人者如果听到大家对一位普通人进行赞扬时，一定要引起注意。

古往今来的许多人才都是因为在普通百姓中拥有较好的口碑而被用人者发掘出来的。东汉末年的诸葛亮就是刘备听到众人的称誉之后起用的奇才。在当时流传着这样一句话："卧龙、凤雏得一而可安天下。"刘备于是四处打听卧龙的下落，在得知卧龙就是诸葛亮之后，不惜"三顾茅庐"，最终获得了诸葛亮这个贤才。周文王也是在百姓的赞誉声中得知渭水边有一个贤才姜太公，于是亲自去把姜太公纳为自己的部下，为武王伐纣储备好了人才。

从以上这些例子中我们可以看出，潜在人才大多出身卑微，而出身卑微的人一旦受到人们的赞誉，就使其价值得到了"民间"的承认，用人者一定要大胆起用。

领导智慧

群众的眼睛是雪亮的，那些在大众中拥有较高声望的人，必有其过人之处。用人者要善于去发掘这些潜在的人才。

在赛马中相马

赛马场上，一声清脆的发令枪响，只见各位选手和坐下骏马箭一样飞向终点。一番激烈的你追我赶之后，终于有一匹马脱颖而出，率先闯线，夺得冠军。——这就是我们熟悉的"赛马机制"。

赛马机制能够帮助企业找到最合适的人才。任何竞赛的背后，都是对参赛者实力的考察，也是参赛选手实力的证明。唯有实力高人一等，才能拿到冠军。企业对人才的甄别就是一个赛马的过程，千里马都是在比赛过程中凸显出来的。

众所周知，万科是中国房地产界的龙头企业，同时万科也被誉为地产行业人才的"黄埔军校"。是什么原因让万科能在高速发展的同时，还源源不断地涌现出众多出色的职业经理人？

其秘诀可以用"50"和"500"这两个数字来概括。每年，在集团人力资源部的牵头下，根据员工的业绩、上级主管的推荐、人力资源部的审核，万科会从一线挑选出一个具有上升潜质的管理后备队伍，这个队伍包括两部分，一部分是从基层上升到中层的大概

500人，一部分是从中层上升到高层的大概50人。

选拔人才的过程就是一场赛马的过程，真正优秀的候选者依靠自己的成绩来获得更高的职位。更为重要的是，公司用了较多的时间来考察他们，员工也能得到大量的实践机会，因此，公司很容易找出那些一贯业绩优异，且确有管理能力的人选，在公司用人之际，予以任命。通过"50"和"500"两个数字的持续滚动，万科实现了管理人才梯队的延续和扩张。

真正的实力派选手从来都不惧怕比赛，唯有比赛，才能表现出自己的实力。但是，有能力却不去做，就相当于能力没有发挥，其结果无异于没有能力。在企业用人中同样如此，人才的判定不仅仅看一个人有没有能力去做某件事，更是要看是否情愿去做。人才的选拔是动态的比较过程，而非静态的衡量过程。所以，在挑选人才的时候，不应该仅仅是赛马，在赛马的过程中更要相马，因此企业的管理者在看重人才自身素质的同时，更要注重人才是否有积极的心态。能力测试是一个赛马的过程，而心态检验则是相马的过程，在赛马中相马，才会选择最适合的人才。千里马不仅是"赛"出来的，也是"相"出来的。

领导智慧

千里马都是在比赛过程中凸显出来的，企业的领导者应该善于在竞争中识别人才、选拔人才。

从众多人才中选用自己最需要的

一个企业要想成功，只靠一个领导者是远远不够的，领导者需要别人来帮助他。但并不是任何人都有这个能力或资本协助领导，这时，作为领导的你就要在人群中选出你需要的人。

汉高祖刘邦说："运筹帷幄之中，决胜千里之外，我不如子房；镇守国家，安抚人民，发饷送粮保障军队，我不如萧何；指挥百万军队，战必胜，攻必取，我不如韩信。他们三位，都是人中豪杰，因为我能任用他们，所以我能得到天下。"从这里完全看得出用人的重要性。

选用人才是有原则可循的。有的人认为，自己能够网罗到最优秀的人，就一定能够成就大事，实则不然。在团队中，选用最适合的人而非最优秀的人，才是制胜的法宝。

有些人专业素质非常高，思想品质却十分差劲，这种人即使本领再高，恐怕也不能成为最合适的人选。

对德才关系作了较为全面、较为精辟论证的，是宋朝的司马光。司马光明确指出德与才是不能分开的，德靠才来发挥，才靠德来统帅。从德和才两个方面出发，司马光把人分为四种：德才兼备为圣人，德才兼亡为愚人，德胜才为君子，才胜德为小人。在用人时，如果没有圣人和君子，那么与其得小人，不如得愚人。因为有才而缺德的人是最危险的人物，比无才无德还要坏。司马光还说，人们往往只看到人的才，而忽视了德。自古以来，国之乱臣，家之败子，都是才有余而德不足。用人以德为先，次之才学，也就是说要防止重才而轻德的现象出现。有才而缺德，这样的人只能是奸才、歪才、邪才。当然，只有德而没有才的人也不是我们所需要的人才。缺才有德的人，是忠厚人、老实人、辛苦人、正派人，但才气没有了，这样的人也不是做事所需的人才。

我们选用的最合适的人，应该是德才兼备、善于团结合作的人。有了这样的人帮助，成就一番事业的日子也就不远了。

领导智慧

在挑选人才时，不仅要挑选那些适合于自己的，也要注重所选人才的德行，德才兼备的人才是最优的选择。

善于在市井之中寻找奇才

美国著名的西华公司（原名萨耶—卢贝克公司）的创始人理查德·萨耶是做小本生意起家的，他的事业发展到后来那么兴旺，连他自己都感到吃惊。他的成功之处在于他善于发现人才和使用人才。

萨耶最初的时候在明尼苏达州一条铁路做货物运输代理业务。做这种业务，有一件令人头痛的事情，那就是有时收货人嫌货物不好而拒收，收不到货款不说，还倒赔运费。萨耶是一个善于动脑筋的人，不多久，他就想到了邮寄这种方式。出乎意料的是，这一方式竟然非常成功，于是同行都纷纷仿效，大有超越他这个创始人的势头。萨耶意识到必须扩大规模。可扩大规模就得有人手，去哪里找这样的人呢？

在一个月光皎洁的夜晚，他碰到了迷路的卢贝克。两人一见如故，一席话竟然谈了个通宵。卢贝克非常欣赏萨耶的经营思路，萨耶万分激动，盛情邀请卢贝克加盟，两人一拍即合，"萨耶—卢贝克公司"就在那个夜晚诞生了。

两个人搭档使生意突飞猛进，他们开辟了多种经营，突破了运输代理范围。他们的生意越做越大，却发现自己已无力管理好公司，因此就想找个人帮他们管理。但是过了好长一段时间他们都没找到合适的人。

突然有一天，萨耶下班回到家时，看到桌子上放着一块妻子新买的布料。"你要的布料，我们店里多得很，你干吗还花钱去买别人的呢？"他有点不高兴，因为他经营的小店确实有很多同样的布料。

"这种布料的花式很特别，流行！"妻子说。

"就这种布料，也能流行起来？它不是去年上市的吗？一直都不好卖，我们店里还压着很多哩。"

"卖布的这么说的，"妻子说，"今年的游园会上，这种花式将会流行。瑞尔夫人和泰姬夫人到时将会穿这种花式的衣服出场。这可是秘密哦，你不要告诉其他人。"

萨耶感到有些好笑，所谓的流行，不过是卖布人骗人的谎言罢了，抬出当地的两位贵妇人，也不过是促销罢了，想不到他这样精明的商人，竟有这么一个轻易上当的妻子。

到了游园会开幕那一天，果然如妻子所言，当地最有名望的两位贵妇瑞尔夫人和泰姬夫人都穿上了那种花式的衣服，其次是他妻子和其他极少的几个女人穿了，那天，他的妻子出尽了风头。更奇特的是，在游园会上，每一个女人都收到一张宣传单：瑞尔夫人和泰姬夫人所穿的新衣料，本店有售。这哪是什么新衣料啊？但萨耶突然开窍了：这一切，都是那个卖布的商人安排的！手段可不同凡响啊！

第二天，萨耶和卢贝克带着萨耶的妻子的宣传单，到那家店去，想看一下那个商人到底是谁。在看到该店挤得水泄不通的人群之后，萨耶和卢贝克一下子对那个商人佩服得五体投地。但当他们见到那个商人时，却不禁哑然失笑：那个商人竟然是他们的老熟人路华德——经常和他们做生意的人。

寒暄之后，萨耶和卢贝克开门见山："我们想请你去做我们公司的总经理。""请我？做总经理？"路华德简直不敢相信这个事实，因为萨耶和卢贝克的生意在当地做得太好了。路华德要求给他三天时间考虑，因为他自己正做着生意，面临着选择。

"当然可以，"萨耶说，"不过，这三天内，你得保证不能到其他公司工作啊。"

"那是肯定的，"路华德笑了，"我还没有那么俏，不会有人找我的。"

事实上，萨耶的担心一点也不多余，因为他们刚刚离开，就有两家化妆品公司登门邀请路华德加盟了。路华德也是一个守信之人，因为萨耶有言在先，他拒绝了那两家化妆品公司。

出身于市井小店的路华德对萨耶和卢贝克深怀感恩之情，工作十分投入，很快做出了卓越的成绩。他和萨耶、卢贝克一起奋力拼搏，公司业务蒸蒸日上，10 年时间，公司营业额增长 600 多倍。后来，公司更名为西华公司。如今的西华公司有 30 多万员工，主营零售业，每年营业额高达 70 亿美元。这个营业额，在美国零售业中属于一流成绩了。

领导智慧

技能、知识很容易学会，而才干则不容易培养。不同职业和岗位所需要的才干各不相同，作为企业的管理者，要想成就大事，就必须找有才干的人为己所用，而且不必计较他是否是名牌大学毕业。

缺点不是弱点

"世界上最受尊敬的企业家"艾柯卡原来是学工程技术的，1946 年在罗彻斯特卖卡车时他还是个自命不凡的小伙子。1956 年，刚满 30 岁的艾柯卡进入了美国福特汽车公司，在董事长罗伯特·麦克纳马拉手下工作。在这段时间里，艾柯卡非凡的管理才能渐渐崭露头角。当福特汽车公司的推销工作处于困境的时候，罗伯特·麦克纳马拉毅然决定把艾柯卡召回总部任销售部经理，这使艾柯卡身上潜在的销售工作才能得到充分发挥。那年上半年，艾柯卡即为福特公司创造了百万辆的销售纪录，这一成绩使麦克纳马拉看到了这个年轻人身上卓越的销售才能。

艾柯卡在销售方面确实很有天赋，但他也有缺点，那就是非常地自命不凡，常常出言不逊。麦克纳马拉很清楚艾柯卡的缺点，但在 4 年后仍把他推荐为公司"轿车"部经理，因为麦克纳马拉知道艾柯卡的这些缺点并不是他的弱点。1970 年底，白手起家的艾柯卡终于靠自己的才干爬上了这个家庭企业总裁的高位，在他就任总裁的 8 年时间里，为福特公司净赚了 35 亿美元的利润，在该公司的历史上留下了最辉煌的业绩。

罗伯特·麦克纳马拉起用艾柯卡的事实，充分说明了取长避短的用人原则的有利性，给企业带来的好处是难以估计的。

领导智慧

管理者应该根据管理活动的需要，在用人伸缩度所允许的范围内，宽厚地包容下属的缺点。这样才能更好地发挥和利用下属的长处。

把被别人踢出去的人"请"进公司

艾柯卡当上了福特汽车公司的总裁。享利·福特有一个毛病，就是好计较外表，艾柯卡和他相处得十分谨慎。有一天，福特命令艾柯卡解雇一位高级职员。因为在他看来，这个人是一个行为不端的人。

艾柯卡迫于压力，不得不把朋友请了出去，自己也在提心吊胆中过日子。虽然日子不好过，艾柯卡还是取得了好成绩。但成绩到来的时候，霉运也开始了。有一次，100 多个美国银行家和股票分析家聚会，艾柯卡的发言受到了参会者的一致好评。没想到，这让福特发怒了，因为艾柯卡抢了他的风头。

他对艾柯卡说："你跟太多的人讲了太多的话，他们还以为你是福特公司的主事者，这种情况让我太难受了。"

福特毫不理会艾柯卡的意见，决定不再把小汽车推向市场，结果使得公司急剧亏损。事后，他对此没有做出任何的解释。当一个记者向他采访这件事时，他只回答了一句话："我们确实碰上了一大堆麻烦。"这时，福特决定把艾柯卡踢出去，他的手段一个接着一个，他还到处散播谣言诋毁艾柯卡。他是董事长，艾柯卡是他任命的总裁，也是他的得力助手，他竟如此做，实在让人搞不明白。

3年之后，在一次董事会上，福特突然对艾柯卡说："我想你可以离开了。"就这样，功勋卓著的艾柯卡被福特无情地解雇。美国《底特律自由报》同时刊出了两个大标题："克莱斯勒遭到空前的严重亏损"和"李·艾柯卡加盟克莱斯勒"。

两条新闻同时出现，似乎预示了某种关系。其实，克莱斯勒公司已经迅速出击，早将李·艾柯卡请了过来，委以总裁重任。艾柯卡接管克莱斯勒公司的时候，该公司正面临倒闭的危机，两年之间，公司亏损高达17亿美元。艾柯卡想尽各种办法解决了公司一个又一个的危机。到1983年春，克莱斯勒公司已经可以发行新股票了。本来计划出售1250万股，但是谁也没有料到，最终的发行量超过一倍。买股票的人多得排队等候，2600万股在一个小时内就全部卖光了，其总市值高达432亿美元，这是美国历史上占第三位的股票上市额。这一年，克莱斯勒公司以925亿美元的实际利润，创公司历史新高。

1984年，克莱斯勒公司扭亏为盈，净利润达到24亿美元。艾柯卡成为美国人心目中的英雄。由此可以看出，被别的公司踢出去的人，未必就不是人才。

领导智慧

被别的公司踢出去的人，也许就是你一直在寻找的人才。

合适的人才能挽救企业

曾有一段时间，世界著名的东芝电器公司由于经营方针的错误，使整个企业陷入了一个前所未有的低谷之中，若不尽快处理，或者处理得不好，东芝电器公司就会在世界市场上消失。

在这个生死关头，东芝电器的高层经营者莫不愁眉深锁，挖空心思地想着该如何挽救公司。最后，他们想到了一个极为优秀的人才，也许只有此人才有可能挽救公司的命运，他就是日本石川岛造船厂总经理士光敏夫。十几年前的石川岛造船厂也和今日的东芝电器一样陷入危境，全靠士光敏夫一手将它从危境之中拉了出来，并带领公司走向了国际舞台。只是，现在正处于事业顶峰的士光敏夫是否愿意再度进入一家危机重重的公司呢？万万没有想到士光敏夫竟然一口答应，这些代表们开始觉得东芝电器又有希望了。

士光敏夫上任后的第一件事就是，重新唤起东芝员工低落已久的士气。他鼓励员工们：东芝电器公司人才济济，公司的体制也非常良好，只要大家团结一心，一定可以让东芝电器重现光芒。在士光敏夫不断的激励下，员工们的斗志再次燃起，充满干劲。接着，士光敏夫又提出实施毛遂自荐和公开招聘制，想办法让员工们能够完全地将自己的潜力发挥出来。

在士光敏夫不断的鼓舞下，东芝电器出现了前所未有的高昂士气。在公司员工共同的努力下，东芝电器公司站稳了脚步，并再次走向了国际舞台。

领导智慧

在用人行为中，领导者必须根据领导管理活动的需要，有什么事要办，就用什么人。选用合适的人才能挽救企业。

找准公司发动机，然后提供舞台

联想公司在做业务、做事的时候，特别注意"带人"，事业要做出来，人也要培养出来。这种做事风格逐渐成为一种理论文化，被称为"发动机理论"。作为联想的一把手，柳传志是一台大发动机，他把他的副手们（各个子公司和主要部门的负责人）都培养成同步的小发动机，而不是齿轮，因为齿轮没有动力，无论他的发动机马力有多强大，齿轮本身多润滑，组合到一起所提供的总能量是有限的；如果副手是同步运行的小发动机的话，大家一起联动的力量将非常强大。

"发动机理论"是如何实施的呢？柳传志表示：首先要提供舞台。他的副手们都是有特殊追求的人。对他们来说，物质激励远不如精神激励重要，而这个精神激励主要是给他们一个宽广的舞台。联想就是在制定了总公司的目标和战略之后，接着确定各子公司的目标和责任，和子公司的领导们讨论要实现目标他们有哪些权利，并明确奖惩标准。目标制定以后，具体怎么去实现，是由子公司负责人或者部门负责人及他的团队设计的，在实施之前各个部门负责人要把方案向总部汇报，以保持同步。

在"发动机理论"中，联想强调"三心"。其一是责任心：任何一名联想员工都必须有责任心。其二是野心：对中层干部而言，除了责任心，还要有野心登上更大的舞台，去管更多的事，挣更多的钱。只有努力进取，他们才可能成为"发动机"。其三是事业心：对于核心位置上的核心员工，要有事业心，就是要把联想的事业当成自己的事业来做，一代一代传下去。

领导智慧

一个公司要发展，不仅要有一个能干的领导者，还要有一群同样能干的下属。领导者的任务是发现这些有才能的下属并为他们提供一个施展才能的舞台。

任人唯贤不唯亲

一个人要成就一番事业，就必须有得力的人才辅佐。要得到人心，就必须有广阔的胸怀，承认他人的长处，得到他人的帮助。李嘉诚善于用人，特别是借助"外人"，让他们成为自己的亲信或挚友。

20世纪80年代中期，李嘉诚的长实（长江实业）集团的管理层基本上实现了新老交替，各部门负责人，大都是30～40岁的少壮派。其中最引人注目的要数霍建宁。此人擅长理财，负责长实全系的财务策划。他处世较为低调，认为自己不是冲锋陷阵的干将，而是专业管理人士。李嘉诚很赏识他的才学，长实全系的重大投资安排、股票发行、银行贷款、债券兑换等，都是由霍建宁亲自策划或参与决策。这些项目动辄涉及数十亿资金，亏与盈都取决于最终决策。从李嘉诚对他如此器重和信任来看，可知盈多亏少。霍建宁本人的收入也很可观，他的年薪和董事基金，再加上非经常性收入如优惠股等，年收入可能在1000万港元以上。1985年李嘉诚委任他为长实董事，两年后又提升他为董事副总经理。此时，霍建宁才35岁。

同样出色的还有一位女将洪小莲。她全面负责楼宇销售时，还不到40岁。在长实上市之初，洪小莲就作为李嘉诚的秘书随其左右，后来又出任长实董事。她不仅人长得漂亮，风度好，而且待人热情，做事泼辣果敢。在地产界，在中环各公司，只要提起洪小莲，可谓无人不知无人不晓，她被业界称为"洪姑娘"。长实总部虽不到 200 人，却是个超级商业帝国。每年为它工作与服务的人，数以万计。资产市值在高峰期达 2000 多亿港元，业务往来跨越大半个地球。日常的大小事务，千头万绪，都要到洪小莲这里汇总。她的工作作风颇似李嘉诚，不但勤奋，还是个彻底的务实派。就连面试一名员工、会议所需的饮料、境外客户下榻的酒店房间等琐事，她都亲自过问。

李嘉诚不拘一格重用年轻人，同时借用"外脑"，广采博纳，融合众智。他曾郑重地让记者不要老提他的贡献，他算不上超人，他的成就是大家同心协力的结果。他身边有 300 员虎将，其中 100 人是外国人，200 人是年富力强的中国香港人。

所谓"家有梧桐树，引得凤凰来"。李嘉诚不仅给年轻人和"外脑"广阔的发展空间，也"举贤不避亲"，努力将亲信培养成贤人。李嘉诚任用亲信和贤人的平衡统一，让他在览尽天下英才的同时又保持了团队的稳定与团结，还结交了无数的商界朋友，赢得了广大股东和职员的信赖和支持。这不仅让公司发展得更加稳固强大，也获得了无数的财富。

领导智慧

作为一个领导者，在选拔人才的时候千万不能任人唯亲，而应广纳天下贤才为我所用。

用人才不用庸才

柯克和小沃森是老对手，IBM 的上上下下都是知道的，柯克刚刚去世，所有人都认为伯肯斯托克在劫难逃。伯肯斯托克本人也这么认为，因此他破罐破摔，心想与其被小沃森赶跑，不如自己先辞职，这样还能够走得体面些。

有一天，IBM的总裁小沃森正在办公室里，伯肯斯托克闯了进来，并大声嚷道："我什么盼头都没有了！干着一份闲差，有什么意思？我不干了！"现在的小沃森与当年的老沃森的脾气都非常暴躁，如果一个部门经理这样无礼闯入，按照平时的习惯，他一定会毫无顾忌地让伯肯斯托克出去。

令人意外的是，小沃森不但没有发火，反而笑脸相迎。从这一点来看，小沃森不愧是用人的专家，他知道什么时候该发火，什么时候不能发火，对伯肯斯托克就属于后一种情形。他知道，伯肯斯托克是一个难得的人才，比刚去世的柯克还要胜过一等，留下来对公司有百利而无一害，虽然，他是柯克的下属，是柯克的好友，并且性格桀骜不驯。

小沃森对伯肯斯托克说："如果你真的有能力，不仅在柯克手下能够很出色，在我和我父亲手下也照样能够成功。如果你认为我对你不公平，你可以走人，如果不是这样，那你就应该留下来，因为IBM需要你，这里有你发展的空间。"

伯肯斯托克扪心自问，觉得小沃森没有对他不公平的地方，并没有像别人想象的那样柯克一死就收拾他。于是，伯肯斯托克留了下来。后来的事实证明，小沃森留下伯肯斯托克是极其正确的。正是在伯肯斯托克的全力支持下，小沃森才能顺利开展计算机事业，使IBM渡过了重重难关，取得了今天的辉煌成绩。

小沃森在执掌IBM的帅印期间，还提拔了一大批他不喜欢，但是具有真才实学的人。他认为，那些讨人喜欢的人，可以成为他一道外出垂钓的好友，但在管理中却帮不了他的忙，甚至会给他设下陷阱；相反，那些爱挑毛病、语言尖刻、几乎令人讨厌的人，却精明能干，在工作上对他推心置腹，能够实实在在地帮助他。把这样的人安排在自己身边，经常听取他们的意见，对自己是十分有利的。

所以，那些对领导俯首帖耳、阿谀奉承的人，往往并没有真本事，他们就凭一副奴才相讨领导喜欢，进而谋得一份糊口的差事。相反，那些具有真本事的、像伯肯斯托克这样的人，他们不怕失去工作，他们敢于谏言，他们不是靠"听话"来混饭吃。

领导智慧

一个几乎看不出问题来的听话员工，不可能给企业带来巨大的利益，反之，看起来锋芒毕露却目光敏锐的人则有可能会给企业带来重大利益。

不用"聪明人"

日本西武集团的董事长堤义明与他哥哥堤清二在用人的观点上存在不同的看法。义明不喜欢采用所谓的"聪明人"，清二倒不这样想。

清二毕业于东京大学，义明则毕业于早稻田大学，所受教育的不同导致了两人在用人观点上的不同。义明任用了很多大学都没有毕业的年轻人，他们在工作中表现得都不错。然而在清二的15位职员中，头脑比他好的，据他自己计算，就不下10人。

清二时常在经营上遇到麻烦，就因为他用了太多自以为是的人，而在义明的公司里，这些人是不会受到任用的。因为义明觉得所谓的"聪明人"，时常就是公司里制造麻烦的人。清二自己也逐渐认识到，在自己的公司里，那些自以为聪明的职员常犯的毛病的确就是不肯努力。由此可见，义明讨厌那些所谓的"聪明人"是有一定道理的。

人才并非就是聪明绝顶的人，对于一个公司来说，人才是能为公司所用，为公司所想，扎扎实实工作的人，这是选取人才很重要的一点，自以为天资聪明的人工作就不会太努力，虽然这不是绝对，但也有一些道理。

领导智慧

"聪明人"并不一定都能给你的事业添砖加瓦，有时他们会变成你的累赘。

人才是事业的基石

从古至今，君王求贤的故事不胜枚举。周文王寻遍渭水，终于找到垂钓的姜子牙；齐桓公不但不计较管仲射了他一箭，还将他任命为相，最终成就了自己的霸业；刘备三顾茅庐请诸葛亮出山的故事更是流传千古。

在全球经济一体化的今天，人才问题被企业提到了更高的位置。怎样识别人才、留住人才，是摆在企业家面前的一个非常严峻的问题。放走一个人才，不仅事业受损，还有可能为自己增加一个竞争对手，这样的道理谁都懂，但要想很好地解决却非常难。

2001 年，兼任董事长和 CEO 的柳传志，从联想 CEO 的位置上退下来，然后把公司一分为二：一部分是联想集团，专做自有品牌的研发、生产和销售；另一部分是神州数码，专做国外大产品品牌的代理业务和软件业务。这两家都是上市公司，他自己则退到了这两家公司的母公司——联想控股。柳传志之所以将自己一手建立起来的公司一分为二，就是为了留住人才。他知道杰出人才对公司具有举足轻重的作用，他们的任何变动都可能造成与他们存在间接或直接关系的大量人员的流失，从而使公司的生存受到严重威胁。

很多时候，我们听到人们在高喊重视人才，表现出求贤若渴的

样子，但像柳传志这样，无论从感情上还是事业发展上，能够拿出
"千金求马骨"的豪气和决心的人却是罕见的。

领导智慧

谁拥有人才，谁就是知识经济时代的强者。

信誉是衡量人才的首要标准

东汉末年的诸葛亮是旷古奇才，用人也以德才兼备为准则。蒋琬、费祎、姜维都是诸葛亮精心选拔的，作为他理政、治军的接班人。这些人的共同点都是德才兼备。

联想集团创始人柳传志也把人才的品德放在第一位，他始终将品德放在才能的前面。他表示：选拔人才时要求"德才兼备"，"德"一定是放在第一位的，一定要有事业心，一定要把企业当作自己的生命来做；至于"才"的方面，就是看是否善于归纳总结，而这种本事是打了很多硬仗之后才能积累获得的经验。

一个具有优秀道德品质的人应该具有许多优点，柳传志认为在"德"里面，最重要的是信誉，他认为：人才的标准首先是信誉。信誉不仅仅是品德，还有能力。人才的训练和培养永远是在"赛马中识别好马"。

人们常说："天底下最容易挣的是钱，最难挣的是信誉。"用句通俗的话说，钱无非是挣多挣少的问题，靠技巧和力气就可以挣到。而信誉则要靠内在的品质与德行，它不是一天两天就能达成的，需要不断地修身养性，不断地反省提高。

联想集团年轻的副总裁郭为曾说，这是一个充满竞争的年代，企业与企业在竞争，人与人在竞争，他所有的资本就是经验积累和信誉积累。的确，信誉是一种资本，而且是一种"比金子还贵重"

的资本。有了这个资本就可以聚合队伍，就可以取信银行、取信用户。在很多时候，办企业和做人一样，实际上是一个永无止境提高信誉的过程。

从 20 世纪 80 年代开始，从国营企事业单位脱胎出来，一些资本较少的新型企业会因为强烈的积聚资本意识而不愿承担向主管上级单位缴纳利润的责任。联想集团从来没有这样做过，从不拖欠一分钱。

我国古代儒家经典著作《大学》就有"财散则民聚"的观点，后来被引申为"财散则人聚，财聚则人散"，大意是说企业家要会赚钱，还要会花钱，柳传志深谙其中的奥妙。中国现在已掀起企业创名牌的热潮，名牌是一种信誉，企业家的信誉也是商标。

领导智慧

人无信难立，产品无信难销，企业无信难存。企业要想崛起、发达，还需从人才的信誉上着手。

合适比优秀更重要

你所需要的不一定是最优秀的人，但一定是最适合的人。因为"岗位需要"而使用人才，所以，"优秀"的人未必就是最能满足岗位需要的人选，在这种意义上，合适比优秀更重要。应聘者在应聘时的典型心理是尽可能美化自己，头上的荣誉光环越多，被重用的可能性就越大。与此相对应的是，企业的经营者费尽心思去寻找真实的优秀的人。对于企业而言，衡量是否优秀的唯一标准是是否符合企业的发展需要。"从企业要求的角度说，匹配的就是人才。"全球知名企业雅芳在聘用人才时，最基本的做法就是为每个职位找合适的人。理性的总经理不会被员工的光环所诱惑，而是紧紧扣住

"企业发展需要"这根弦。

成熟的总经理都会掌握一些成熟的方法，来确保企业在使用人才方面的"理性"。DHL便是这方面的突出代表。作为全球最有名的物流企业之一，为了选拔优秀而且适合公司文化背景的人才，DHL采用了一些先进的管理理念和人员甄选技术，其中基于胜任力的人员选拔方案是其中的一种主要的选拔方式，力图做到人职匹配。

在人才选拔方案中，DHL首先会根据自身的企业文化和业务发展，建立起符合公司自身特点的岗位胜任力模型。胜任力是从品质和能力层面论证个体与岗位工作绩效的关系，是个体的态度、价值观和自我形象、动机和特质等潜在的深层次特征，是将某一工作（或组织、文化）中表现优秀者和表现一般者区分开来的基础。

◆ 领导智慧

要想真正不被员工的光环所诱惑，企业的管理者一定要做好两个准备工作：建立科学的人才选拔机制，戒除急功近利的用人浮躁心态。

引进人才要注意"安全着陆"

人才的引进是为了促进企业更好地发展，"空降兵"的加盟并不意味企业管理者就可以高枕无忧。"空降兵"能否"安全着陆"，能否为企业带来新的发展，才是企业管理者需要注意的关键所在。

关于引进外来领导者，还有这样一个案例：在一家拥有100人左右的公司里，近半数的员工都是跟着老板打江山过来的，彼此很信任。本来公司里气氛融洽，年轻人又多，办公环境很轻松，下班后大小聚会也是常有的事儿。但是，随着新任主管张素的到来，公司的气氛悄悄起了变化，大家工作时正襟危坐，说话时谨小慎微，下班后行色匆匆，就怕被新主管抓住工作上的把柄。

张素是公司老板从对手那儿挖过来的"空降兵"，她对于出现这种情况感到很委屈，"我来之前，公司的管理确实太松散了，人浮于事，效率不高，老板既然重金请我来，我觉得就应该发挥自己的作用，把能办的事情办好。"基于这样的思考，她决定从自己部门的工作入手，整顿办公室纪律，严肃工作程序和流程。

又到月底，员工开始去财务报销一些日常的办公费用。上一任主管往往不看这些花花绿绿的发票，立即就在报销单上签字。张素却非常认真，逐条逐笔详细审核。从中她发现了很多问题：有总款额核算不对的，有发票种类和事由不符的，有非公务开支不应报销的。她的这种做法效果明显，一个月下来，办公开支减少了数万元，老板甚为满意。但公司上下对她意见已经很大。

没过多久，那些利益受损的老员工开始集中向张素开火。"没能力"、"不团结"、"自以为是"，他们对张素的负面评价越来越多。甚至在部门经理会议上，有人公然指责财务部门不支持工作。随着向老板打小报告的人越来越多，本来对张素还很信任的老板逐渐对她不满起来。在张素来到这个公司的两个月之后，老板为了维护公司的和平氛围，只好将张素解雇。

面对这种情况，企业的管理者一定要看到"空降兵"与"旧势力"必然发生冲突这种客观现实。企业的老员工可能会制造麻烦来抵制外来管理者，而外来管理者又想尽快树立起威信，通常都会拿老员工开刀。同时，引入"空降兵"的企业管理体系和管理基础往往又是空白，一般不太讲究规则。外来人才要想运作好，势必要不按套路出牌，由此产生了"空降兵"和老员工的职业行为、职业方式上存在的沟通困难和天然文化冲突。企业的老员工和职业经理人的磨合是一次痛苦而漫长的过程，企业管理者要妥善处理好两者的关系，既要让"空降兵"才华得以表现，又不会过分伤害到原来的老员工。

领导智慧

作为企业的领导者，在引进"空降兵"之后，一定要为其营建一个良好的生存环境，使他们"安全着陆"。

在竞争中发掘人才

"二战"期间，美国的一位将军在战争开始前，需要找一个能严格执行自己命令的人作为助手。他考察了很多人，迟迟没有定下来。一天，他将所有的候选人集合起来，给他们提出这样一个要求："伙计们，我需要在5公里外挖一条战壕，10英尺长，4英尺宽，5英寸深。"这个要求其实很简单，大伙纷纷带着工具赶到5公里外。

将军派了一个秘书混杂在他们的队伍中，忠实地记录他们的一言一行。他们赶到指定地点，将领们把工具放好，准备先休息一会儿。趁这个时间，大家开始议论将军为什么要这么浅的战壕。有的说这么浅的战壕根本不能掩体，又有人说，这样的战壕太热或太冷。总之大家都纷纷猜测将军的用意，甚至有人开始抱怨他们不该来干挖战壕这样普通的体力活。他们认为一定是将军喝酒喝多了，才会提出这种无聊的要求。谈论了半天，大家都没动手干。一直沉默不语的范甘迪突然站起身来，说："让我们把战壕挖好后离开这里，至于那个老家伙想用战壕干什么都没关系。"

看完了秘书的记录，将军选择了范甘迪。原因很简单，将军说："我必须挑选不找任何借口地完成任务的人。"后来的事实证明，范甘迪是一个很优秀的人，总是能把将军的战略意图执行到位，最大限度地确保了将军战略目标的实现。范甘迪就是千里马，挖战壕就是比赛场，站着说不如立即做，这匹千里马在别人打盹的时候率先奔跑，自然成为领导最受重用的人。

世界知名电气公司通用公司一直就是把领导人的选拔当作是一场马拉松式的比赛过程。这个过程很苛刻，胜利永远属于那些韧劲很足、速度很快的千里马。尽管通用公司这种拉锯战一样的领导人选拔制度受到争议，但是任何一届的通用公司领导人都把它看作是保证通用电气长盛不衰的重要法宝。选拔继任者已经成为领导人的一种责任。据悉，通用电气前首席执行官杰克·韦尔奇的前任提前七年（自1974年开始）就开始选拔接班人，在经过了重重考验和评估后，韦尔奇最终从96人（全部是公司内部员工）的最初候选名单中胜出。而且，韦尔奇也是在经过了六年多的筛选后，最终确定44岁的伊梅尔特为自己的接班人。通用不断被刷新的业绩记录证明了韦尔奇和伊梅尔是难得的千里马。

领导智慧

竞争是选拔人才最有效的方法之一。

抛弃"优秀的人一进来就优秀"的想法

企业的经营者总是认为"空降兵""很美"。"空降兵"多为高人，多年的职场打磨，让这些职业经理人看上去"很美"。所以，当企业遇到困境或者业务发生变更时，管理者通常都会选择从其他企业"挖"过来一名优秀的职业经理人，以此来担负起改变企业命运或承担新业务开拓的重任，这似乎已成为企业管理者解决问题最简单、最有效的途径。

然而，距离产生的"美"是一种假象。当优秀的"空降兵"们渐渐进入企业的日常运营中时，企业却发现一切并没有想象中的"完美"。等双方短暂的"蜜月期"过去后，剩下的往往是痛苦而又无言的结局。难怪很多企业管理者都曾经感慨："挖人容易用人难。"在对待"空降兵"的时候，管理者通常存在这样的误区：他们认为在其他地方优秀的人才，到了自己的企业也会继续"优秀"。但事实却并非如此，企业的管理者不要期望优秀的人才一进来就优秀。

吴士宏加盟 TCL 的案例就足以说明，"优秀"也是需要条件的。1999 年，"打工女皇"吴士宏离开给她带来巨大声誉的微软中国公司总经理的职位，选择加盟 TCL 集团。吴士宏在 TCL 并没有能够继续辉煌，直到 2002 年黯然退出，在 TCL 集团短暂的经历，让吴士宏遭遇了职场上的"滑铁卢"。

吴士宏拥有 IBM 高管和微软中国区总经理的外企从业经验，而且是从一个普通销售员一步一步上升为高管，在多个岗位都具有丰富的工作经验。TCL 在邀请吴士宏加盟之时也对其寄予厚望。但是，无论是吴士宏还是 TCL，他们都低估了不同企业文化冲突的严重性。吴士宏一直接受的是国际企业的文化训练，而 TCL 是一家迅速成长的本土公司，不同的企业文化之间必然存在着磨合的问题，最终，水土不服成为吴士宏兵败的首要原因。

其实，职业经理人的加盟，是要符合企业需求的，但并非所有优秀的"空降兵"都适合任何一个企业。企业管理者要认清这样的事实：并非外来的和尚都会念经。有时候，磨合和时间是必需的，即便如此，"空降兵"也不是"全能战士"。"优秀的人才一进来就优秀"，这本身就体现出企业管理者急功近利的思想。让空降兵实现"软着陆"，才是管理者最应该去做的。

领导智慧

不是所有优秀的人都适合你的公司，所以在引进优秀人才时一定要多方考察，选择那些最适合你的。

掌控那些能力比你强的下属

工作中下属是能人的现象随处可见，否则就会像九斤老太说的那样"一代不如一代"。然而每个上司对待能力强的下属的态度却千差万别，正是由于这不同的态度和做法，不仅影响着能干的下属的命运，同样也影响着自身的利益。所以，作为一个上司，一定要善用能力比自己强的下属。

能力强的人的可贵就在于有主见、有创意，不随波逐流，不看别人的眼色行事。他们创造力强，能为组织带来绩效，为上司开创局面，甚至其能力超过上司。既是创新开拓就难免与传统、权威不一致，甚至也可能与上司合不来。任何发明创造、改革进取都不能保证百分之百的成功，错误与失败在所难免，甚至失败多于成功。上司用强于自己的人要有"大肚能容，容天下难容之士"的雅量，才能大业能成，成常人难成之举。

对待有能力的下属要把握三点：一用、二管、三养。用就是给能人非常具有挑战性的工作，千方百计地调动能人的积极性，让他们出色地完成工作，让他们的能力得到发挥，让他们的才华得到施展，给他们以舞台满足感，只有这样才能留住他们，不然，离去只是迟早的事情。所谓管，就是管住能人的一些毛病，用制度把他们约束起来，注重与他们进行思想沟通交流，力争达成共识。所谓养，就是要引导能人少说多做，做出成绩，还要善意地有艺术性地帮他们改掉毛病，同时也要教导组织成员解放思想、更新观念，见贤思齐，使组织形成团结合作、积极进取的健康氛围，然后再引导他们和组织成员融合在一起。

领导智慧

如果你真心希望你的下属能够各尽其才、各尽其能，为你的事业而奋斗，就必须敢于起用那些能力比你强的人，让他们的才华铸就你事业的辉煌。

重视每一个人才

俗话说，"鲁班眼里无废料"，"善用人者无废人"。如果领导者能用欣赏的眼光看待下属，善于发现独特个体的独特潜能，用其所长，身边必将有用之不尽的人才。另一方面，领导要有用人的公平之心。人不缺才能，缺的是发现；人不缺潜力，缺的是发挥潜力的平台。领导者要赢得下属的尊重，就应当重视身边的每一个人才，像"淘金"一样地发现人才，重视人才。

松下幸之助无比自豪的就是从平凡人身上取得不平凡的成果。松下幸之助从不去著名大学里选择人才，而是十分注意从公司内部员工中发现人才，量才使用，在使用中注重实际工作能力和效绩，用人不论亲疏。他把许多年轻人直接提拔到重要工作岗位上，如1986 年松下幸之助提拔名不见经传的山下俊彦出任松下公司总经理，而将自己的女婿松下正治由总经理改任总董事长。这次人事安排令人十分惊讶，因为山下俊彦不仅与松下幸之助毫无血缘关系，而且又年轻。但松下幸之助慧眼识英才，山下俊彦出任总经理后，根据世界市场形势的变化和家用电器发展趋势，果断地改变原公司生产体制，由生产家用电器单一制造系统扩展为生产电子科技产品等多门类的生产体系，使公司销售额逐年增加，造就了松下电器公司新的发展阶段——"山下时代"。

由此可见，领导者只要真正关心、尊重、理解下属，并为其提供成长发展的机遇，让自己成为下属的知己，这样才能换来下属对你的一片赤诚。人是企业最宝贵的财富。钞票没有了可以赚回来，机器坏了可以换回来，但如果失去了员工的向心力，只怕千金也买不回来。只有赢得了人心，才能让他们"士为知己者死"，从而最终赢得企业的成功。古今中外，很多成功的领导者都坚持这一点：一个让人甘心追随的领导者应当是下属的知己。领导者关心、尊重、理解下属，并为之提供成长发展的机遇，使其有知遇之恩，才能让下属尽心工作。

 领导智慧

这个世界并不缺乏人才，缺乏的是发现人才的眼睛，领导要做到知人善任，就应当有一双善于识才的"慧眼"。

粘住你的核心人才

依据"80/20"原理，在企业中，20％的人才创造了80％的效益。毫无疑问，这20％的人才是企业的核心人才。在产品、技术、渠道等要素趋于同质化的市场环境里，人才已经成了企业构造差异化竞争力的关键因素，而创造了企业80％效益的核心人才，更是成了企业竞争力的灵魂。甚至可以说，企业之间的竞争，归根结底取决于企业是否拥有、用好和留住核心人才。因此，加强对核心人才的管理，提高核心人才的忠诚度，已成为中层领导的重要职能。西门子全球人事副总裁高斯说："西门子企业能将几十万员工凝聚在一起，靠的是两大法宝。一是金钱，二是人力资源管理。"核心人才为企业创造的效益，远远高于普通员工，根据按劳分配原则，他们的所得也应远远高于社会平均薪酬。因此，核心人才的薪酬应随行就市，确保其薪酬与其创造的价值相对应，甚至不能低于意欲挖角的竞争对手的出价。支付具有绝对竞争力的薪酬，是留住核心人才的第一招数。

除了以高薪来留住核心人才这个方法之外，对企业而言，为核心人才提供必要的培训也是必需的。对于核心人才来说，要维持、拓展自己的工作业绩，保持长久的竞争力，必须不间断地"充电"。给予核心人才持续不断的充电机会，可以培育他们的忠诚度，同时也为核心人才跳槽设置了较高的机会成本，更为企业的可持续发展奠定了基础。

核心人才一般都具有很强的自主性，工作中他们习惯于自我引导，而不愿意过多地受制于他人。核心人才具有过人才干，他们也有能力做出正确的决策。因此，给予核心人才一定的经费、人员、资源的支配权，让他们参与企业决策，为他们搭建一个宽广的平台，有助于提升他们的忠诚度和工作热情。

此外，提高核心人才的忠诚度，培养和谐宽松的人文环境也很重要。企业管理要提高亲和力，在布置任务时，切忌生硬下命令；人力资源部做好协调沟通工作，建立良好的人际关系，通过谈心等方式将管理的触角延伸到员工的生活领域。避免核心人才之间的过度竞争。适度竞争很有必要，但要控制好竞争的度，防止核心人才间的内耗，出现"一山不容二虎"的局面；倡导核心人才之间的尊敬、团结与协作。

亲密无间的交流与沟通对于企业提高核心人才的忠诚度具有重要意义。沟通能对核心人才起到激励作用，管理层通过对核心人才的工作及时做出反馈，可以引导其积极行为，起到强化激励的作用。通过交流与沟通向员工传递企业的远大战略和宏伟目标，有利于增强核心人才的主人翁意识，促使核心人才畅所欲言，提出工作意见，并努力工作，不断创造新的业绩，促进企业的改革与发展。

运用你所能施展的一切手段，来留住公司的核心人才，因为他们是一个企业成功的关键。

学会"识才"和"量才"

用人无非是使用人、利用人、重用人三种。但怎样把握"使用"、"利用"和"重用"的关系，弄清什么样的人应该使用，什么样的人可以利用，什么样的人可以重用，这是一门很难把握的领导艺术。

东汉末年的诸葛亮就是一个很善于区别利用人才的人。蒋琬、费祎、姜维等接班人都是诸葛亮精心选拔上来的。蒋琬入蜀初期任丰都知县，刘备下去巡视，适见蒋琬饮醉，不理事，大怒，要杀他。诸葛亮深知其人的能力和德行，便为之说情。刘备敬重诸葛亮，听其言才不加罪。后诸葛亮提拔蒋琬为丞相府长史，每次出征，蒋琬都能为他提供充足的粮食和兵员。诸葛亮死前，把政事委派给了蒋琬和费祎，军事方面的事务则委托给姜维。诸葛亮死后，蒋琬执政，其人大公无私、胸怀广阔，能团结人，明知时势，做到国治民安。蒋琬病危时，荐费祎代之，费祎为人明断事、善理事、知军事，他在任时边境无虞，魏人不敢正窥西蜀。姜维继诸葛亮复兴汉室之志，屡次北伐，虽无大胜，但魏兵也不能侵入。直到司马昭派大军伐蜀，刘禅昏庸不听姜维派兵扼守阴平之议，邓艾才得以偷渡而直捣成都。

刘备死后，有诸葛亮及其后继者蒋琬、费、姜维等辅佐，刘禅这个昏庸之王才得安坐帝位达四十一年之久。而曹操死后，其子曹丕篡汉，魏立国虽有四十五年，但早在十七年前司马懿就发动政变夺取了曹爽的军权，魏政权已归司马氏，魏已名存实亡，魏政权存在实际只有二十八年。孙权死后，孙亮立为吴帝，内部不和，国势日弱，遂被晋灭。孙权后人掌权只有二十七年。三国相比，蜀汉政权较稳固，无内部互相倾轧、争权夺利之事，这都是因有德才兼备的贤臣辅佐之故。

每个企业都有人才，只是人才是多面性的、多重性的，单方面具有专长的人才比比皆是，巧妙地利用每个人各自的特长才是做领导者应该考虑的问题，这就是识才，这就是利用人才。重用是一种带有战略性的用人抉择，被重用的人才要求德才兼备，品格与素质的高低往往决定着这个部门的业绩。重用的恰当与否，通常会对事态的发展产生极其重要的影响。重用和使用是有严格界限的，做领导的要使用大多数的下属去做基础工作，却不能重用大多数人做指挥员，没有指挥员的队伍会群龙无首，一盘散沙；指挥员太多，做基础工作的员工太少，就会出现各持己见、互不相让、推诿扯皮、缺乏信任的现象。

作为管理者，要最大限度地使用人才。经常考虑怎样才能合理使用本部门在数量上占绝大多数的员工，从而稳住绝大多数人的心，使他们真心实意地为管理者所用。

领导智慧

用人是一门高深的艺术，不同的人有不同的用法。领导者要善于"识才"和"量才"，让每一个人都发挥他的才智。

集属下之长，补自己之短

作为企业的管理者，一定要善于发现和挖掘属下的才能，将其优秀的一面加以发挥。当你发现属下似乎都是一群平庸之辈时，一定要警惕，因为此时你可能对人才的理解出现了偏差。真正尽善尽美的人才是不存在的，你需要做的是发现属下的长处，集合众人的长处来弥补自己的短处。现代化管理学主张对人实行功能分析，这里所说的"能"，是指一个人能力的强弱、长短处的综合；这里所说的"功"，就是看这些能力是否可转化为工作成果。

在现实的工作中，我们宁愿使用有缺点的能人，也不重用那些没有缺点的平庸的"完人"。其原因在于用人不同于治病，医生在给病人治病时应当挑出病人的病症所在，即专挑病人的缺点；用人则恰恰相反，首先应该寻找他人的长处，看他适宜干什么，然后再进行分工。对于一个成功的经营管理者来说，要勇于和善于借助外部之力，通过结合众人的优点，使他们发挥各自的智慧和能力，更好地替自己完成工作。

领导智慧

寸有所长，尺有所短，每一个人都是优缺点并存的。在任用人才时一定要尽量发挥其长处以补自己的短处。

一个坑一个萝卜，而不是一个萝卜一个坑

因人设事的管理方法往往会形成以下几个弊端：应该办的事找不到合适的人；一部分多余的人在干着多余的事；无用之才出不去，有用之才进不来；机构臃肿、人浮于事、内耗太大、效率降低；等等。这种种弊端最终的结果是企业不能实现既定的管理目标，给公司造成不必要的损失。

鉴于此，领导者应该改变这种"一个萝卜一个坑"的思想，运用因事用人的方法来对各类人才实行有效的管理。因事用人的方法，是同因人设事完全相反的一条用人法则。它是指在用人时，依据管理活动的需要，有什么事要办，就用什么人；而不是手头有什么人，就去办什么事。无数的实践已经向我们证明，因事用人的方法能够

俭省地利用人才资源，尽量避免不必要的人才浪费。

我们从事一切领导活动的根本目的，就在于实现预定的管理目标，把事情办好。为此，如何用人就显得非常重要。但同时我们也应看到，用人仅仅是一种手段，绝不是从事领导活动的根本目的。

领导智慧

因事用人谋略，是领导者必须认真研究、灵活运用的一条十分重要的用人谋略。只有做到这一点才能最大化地利用人才资源，避免不必要的人才浪费。

用人须避开无中心与多中心

某工厂在选拔厂长和书记时碰到了难题，因为人选实在很难确定。经过长时间的协商，最终决定由一位长期从事技术工作的总工程师担任厂长，书记则由一位本分踏实，但缺乏工作魄力的副书记出任。两人配合得倒是很密切，问题在于当需要做出决定时，两人都没有主见，所以互相推诿，最终导致最佳决策时机的延误。不到一年，企业的管理出现混乱，职工也颇有怨言。出现这种局面的原因在于，出任厂长和书记的两人都缺乏管理经验，在管理上出现了无中心，而这是企业管理中的一大忌讳。下面的例子却是由于中心太多而造成企业里暗斗不断。

某厅在任命领导班子时采取了先选一把手，随后配备副职的任命程序。结果考察者发现某个作为副职人选的候选人更合适担任一把手，但考虑到一把手的人选已经确定，只好让这个人委屈就任副职。起初两人的合作还算顺利，但不到半年矛盾就凸现出来了。二把手瞧不起一把手，认为一把手的能力在自己之下，所以他分管的工作一把手不能过问，更谈不上汇报。一把手也毫不示弱，他把领导层重新分工，把二把手调去管理他不熟悉的工作，最终使矛盾激化了。在此后，整个机关就成了两人的战场，无论在什么问题上两人都要互相较劲，导致工作不能及时完成。俗话说"一山不容二虎"，在这个用人决策中，决策者犯了一个致命的错误：两人都拥有担任一把手的能力，却仍然让两人共事，在工作中就会形成两个中心，产生矛盾是在所难免的。

领导智慧

无论是无中心，还是多中心，都是人才组合的大忌，领导者在用人时一定要尽量避免此类错误。

宁用愚人，不用小人

每一个领导者在选拔人才、任用人才时，都希望自己所选择的人是德才兼备之人。但在现实中，鱼和熊掌往往不能兼得，此时，领导者应该做出什么样的选择才是最明智的呢？对此，宋代的司马光有一个比较合理的观点：宁用愚人，不用小人。

司马光认为，德才兼备的人可以称为圣人，无德无才的人称之为愚人，德胜过才称之为君子，才胜过德称之为小人。在挑选人才时，如果找不到圣人、君子来辅助自己，就应该退而求其次，宁可选择无才无德的愚人也不选择那些才胜过德的小人。究其原因在于，君子利用才干来做善事，而小人则利用才干来做恶事。利用才干做善事，能无善不为；而凭借才干作恶，则无恶不作。愚人即使想作恶，因为没有那个能力所以也不会形成威胁。与此相反，小人的心机足以使他的阴谋得逞，他的力量又足以施展他的暴虐，简直就是如虎添翼，危害无穷。

为什么道德要重于才干呢？有人做过这样一个非常生动的比

喻："德"就像方向盘，"才"则犹如发动机。没有道德的人才，就像失去了方向盘的汽车，会误入歧途，而发动机马力越大，他的危害也会更大。在中国的历史上，有许许多多的帝王或领导者都是毁在这种有"才"而无"德"的小人手里的。

领导智慧

作为一个管理者，用人时一定要慎之又慎。当一个人的"德"与"才"不成正比的时候，权衡利害，宁用愚人，也不用小人。

用合适的人，做合适的事

福布斯集团的老板马孔·福布斯是一个十分善于用人的管理者。在福布斯集团工作，只要你有才干，你就能够被安排在合适的岗位上，让你大显身手。福布斯集团也正是因为用人有方而发展壮大的，有许多事例都说明了这一点。

大卫·梅克是一个才华出众的人，但他的管理风格让很多人无法接受。他对人冷漠，从来不留情面，而且非常严厉。比如，在下属们忙着组稿时，他总会传话说："在这期杂志出版之前，你们中有一个人将被解雇。"听到这话，大家都很紧张。

有一次，有一个员工实在紧张得受不了，就去问大卫·梅克："大卫，你要解雇的人是不是我？"没想到大卫·梅克竟说："我本来还没有考虑谁将被解雇，既然你找上门来，那就是你了。"就这样，那名员工被解雇了。

然而马孔·福布斯恰好看重大卫·梅克的才华和严厉，他将大卫·梅克放在总编辑的位置上。大卫·梅克在任总编辑期间，最大的贡献是树立了《福布斯》"报道真实"的美誉。而在那之前，《福布斯》曾多次被指责报道不真实。

为了保证报道的真实性，大卫·梅克专门让一批助理去核实材料。这些助理必须找出报道中的问题，否则就将被解雇，而且真的有三名助理因为没有找到记者报道中的问题而被他解雇。《福布斯》在20世纪60年代，就能够与《商业周刊》《财富》齐名，报道真实，正是其最大的竞争优势。

福布斯用人有方的第二个典型是对列尼·雅布龙的使用。列尼·雅布龙是一名理财专家，但他又是一个出名的"小气鬼"，诸如一下班就要求关冷气，死皮赖脸拖欠他人的货款等。

可是马孔·福布斯要的就是他这种小气，理财嘛，不小气怎么行？事实证明，列尼·雅布龙在担任总裁期间，开源和节流都做得很好。

领导智慧

用最合适的人胜过用最好的人，精明的企业管理者对待人才要做的就是将合适的人才放在合适的位置上。

任人有道："招财童子"与"拼命三郎"各司其职

领导者独木难成林，需要下属的辅佐，但并不是所有人都有这个能力或资本协助领导的。此时，作为领导，你就要从众人中选出可以有力辅佐你的人。

在现代企业中，人才的运用显得更加重要。"石油大王"保罗·盖蒂也是一个非常善于用人的杰出领导者。一次他和几个老朋友聚会，其中有一个老板说准备将三个不成材的员工炒掉。他们是：总是喜欢鸡蛋里挑骨头的A先生；成天忧心忡忡，怕这怕那，担心工厂出事故的B先生；喜欢神侃海聊的C先生。盖蒂听后，微微一笑说："将他们三个让给我吧。"这个老板想这是辞掉他们的好机会，于是大手一挥："你真要？今天就可以让他们去！"

第二天，三人来到了盖蒂这里。盖蒂说："现在给你们三人任务，A负责检查产品质量，B负责生产安全和公司保卫，C到外面去搞商品宣传。"三人一听忍不住大拍手掌，兴冲冲地走马上任。不久，由于三人工作十分努力，工厂盈利直线上升。

在现代职场中，领导们也要有这样的"眼力见儿"，选择合适的人来做合适的事。

领导智慧

最优秀的人才永远是最适合他的岗位的人，作为领导者，只有认识到这一点才能更好地安排下属的工作，为自己服务，也让公司得利。

物尽其用，人尽其才

老子《道德经》有云："水不凝不滞，能静能动，能急能缓，能柔能刚，能显能潜。"管理者应效法水德，通达调变，因人制宜，知人善任，充分发挥每个人的潜力。老子在用人上还有一个比较经典的观点认为"常善救人，故无弃人"，意思就是看人既看短处，更要看到长处，要扬长避短，充分发挥其优势，做到人尽其才，这才是用人上的"大仁""大爱"。世上没有无用之才，只有因所处的位置不合适而埋没才能的现象。

庄子关于如何利用好弯曲之树的故事，与老子的用人思想有着异曲同工之妙。弯曲的大树虽然也很高大，但却疙疙瘩瘩，不符合绳墨取直的要求，它的树枝弯弯扭扭，不适应圆规和角尺取材的需要。因此，它虽然生长在道路旁，可木匠连看也不看。难道这样的树，真的大而无用吗？庄子的回答是否定的。他说："如今你有这么大一棵树，却担忧它没有什么用处，怎么不把它栽种在什么也没有生长的地方，栽种在无边无际的旷野里，悠然自得地徘徊于树旁，悠游自在地躺卧于树下……"由此可见，树的疙疙瘩瘩并不是无用的原因，只是安排的位置不适合。一棵树不符合绳墨取直的要求，不能作梁、作椽，却可以供人欣赏乘凉，在其下神游八方。一个企业，将人才安排到恰当的岗位，不但有利于稳定人员结构，更能够挖掘人才的潜能。

在这个世界上，每个人的能力和每个地方的需要都是不同的。不同的工作需要不同能力的人，而不同的工作环境也可以培养不同能力的人。作为一个管理者，把任务授权给最合适的人是最重要的。让合适的人做合适的事，达到人事相宜，是领导者授权的一项重要原则。一个公司只有做到人尽其才，物尽其用，才能维持上下齐心、同舟共济、兴旺发达的局面。

领导智慧

尊重人的不同个性，肯定个体的价值，让每个人的才能都能充分地发挥出来。

优秀与否，要看放置的位子

美克德公司是一家经营唱片和音响的日本企业，在二战前名声显赫。由于战争影响，这家拥有一流人才的公司，却迟迟不能开展重建工作。最后，由松下电器公司接管。为了使它从战败的挫折中复兴起来，松下幸之助非常慎重地思考经理的人选。最后，他决定把这个重担托付给野村吉三郎。

野村在二战期间曾担任过海军上将，退役后转任外务大臣。虽然他在企业经营方面没有经验，但他的长处就是善于用人。这个人事决策使许多人大感意外，他们认为野村对企业的经营完全是外行，对唱片、音响更是一窍不通，让一个门外汉主持美克德的工作，简直是无稽之谈。但松下看好野村会用人的优点，坚持自己的看法。事实上，野村主持美克德业务时，的确对这个行业非常不熟悉。

有一天，在干部会议上，有人提议要和美空云雀签约出唱片，野村先生却问："美空云雀是谁？"美空云雀是日本排名第一的红歌星，拥有众多的歌迷，可说是当时家喻户晓的人物，像这样有名的艺人，身为唱片音响连锁企业经理的野村居然不知道，这让很多人觉得不可思议，也成了外界讥讽他的材料，甚至有人说："一个唱片公司的经理居然不认识美空云雀——那他一生中能认识几个人呢？"然而，一个人优秀与否，既要靠才能也要靠合理的运用。野村对唱片业不太了解，却非常善于用人，所以松下让他去做唱片店的经理而不是去做推销唱片的人，这正是松下用人的高明之处。事实也证明他的这个用人策略是完全正确的，正是这位不认识美空云雀的经理，使美克德迅速地从战争的废墟中站立起来。

松下这种用人之长、避人之短的人事决策，充分体现了其独具慧眼的识人之术。知人善任是企业管理的核心，是企业全体管理者的重要工作和共同责任。因此，管理者要注重发挥人才的长处和优势，合理地使用人才、培育人才和留住人才，形成有利于人才发展的环境和文化。

但需要提醒管理者的是，你所需要的不一定是最优秀的人。人才的使用要根据岗位而来，只有最合适的才是最好的。并且，随着工作的开展，只有人岗适配，才能表现优秀。

领导智慧

"优秀"的人未必就是最能满足岗位需要的人，关键在于人岗适配。

创造价值的能力是最重要的胜任指标

是否胜任，主要体现在价值创造上。能够胜任岗位的人，就是最适合的人，对企业而言，这种人即是人才。能够胜任岗位的人，不仅能够卓有成效地解决工作中出现的问题，具有前瞻性地清除未来风险，还能最大限度地实现岗位效益，为公司创造较大价值。

以价值创造能力来评价胜任度，是符合经济学规则的。工作就是生产，从经济学角度来讲，生产的含义是十分广泛的，它不仅仅意味着制造了一台机器或生产出一些钢材等，它还包含了各种各样的经济活动。如律师为他人打官司，商场的经营，医生为病人看病，等等。这些活动都涉及为某个人或经济实体提供产品或服务。因此，简单讲，任何创造价值的活动都是生产，工作就是创造价值的活动。

工作创造的价值不仅相对于人类，对社会发展有益，更现实地讲，个人因为工作创造的价值或者经济效益对自己本身更有益。这是一个很浅显的道理：管理者从个人创造的效益中获得利润，并为员工的劳动支付报酬；员工因为获得报酬而使自己的钱包鼓起来，从而过着幸福的生活。

领导智慧

一个人如果能在他所工作的岗位上为企业创造最多的价值，那么他就是最适合这个岗位的。

既能善用人之长，又要善用人之短

一个人的优点和缺点不是一成不变的，而且长处和短处是相伴相生的，所以我们在人才的运用上不仅要善用人之长，还要善用人之短。

美国柯达公司在生产照相感光材料时，工人需要在没有光线的暗室里操作，为此培训一个熟练的工人需要相当长的时间，并且没有几个工人愿意从事这一工种。但柯达公司很快就发现盲人在暗室里能够行动自如，只要稍加培训和引导就可以上岗，而且他们通常要比常人熟练得多。

于是，柯达公司大量招聘盲人来从事感光材料的制作工作，把原来的那一部分工人调到其他部门。这样柯达公司充分利用了盲人的特点，既为他们提供了就业机会，也大大提高了工作效率。这不能不归功于"掌门人"高明的用人策略。

由此可见，管理中如果用人得当，缺点也可以变成优点。事实上，一个人的优点和缺点，长处和短处，并不是一成不变的。优点扩展了，缺点也就受到了限制，发扬长处是克服缺点的重要方法，而且长处和短处是相伴相生的，常见到有些长处比较突出，成就比较大的人，缺点也往往比较明显，常常"不拘小节"，大智若愚。因此，领导者在选用人才时，要善于发扬人才的长处，以便做到人尽其才、才尽其用。至于那些胆大艺高、才华非凡，但由于某种原因受人歧视、打击，而有争议的"怪才"，领导更要理解他们的苦衷，尊重他们，为他们提供一个发挥才能的空间。

"用人之长"是每一位领导者的共识，但"用人之短"却未必能成为一种共识。对于短处，许多人的态度只是"容忍"，而不是去利用。是"容忍"还是"利用"，其结果是截然不同的。

有缺点的可用之才大体可分为两种：一种是才能不足之人，另一种是德行不足之人。不同的类型，有不同的使用方法。一般来说，领导用人时应侧重的是"拙诚"之人，用现在的话来说就是埋头苦干，多做实际工作，不做表面文章的人，那种只说不做的人，只会一事无成。对于才能方面明显不足的人才，要对他们授以谨慎处事的秘诀，让他们在日常的人际交往中正视自己的不足，注意虚心学习，同时也可以避免因逞强好胜而引起的是是非非。只有"论功则推于人，论过则引为己责"的人，才能吸引有为之人来到自己的身边。

领导智慧

面对有缺陷的人，让其发挥优势是管理者明智的选择，但如果能巧妙地避免其短处，甚至巧妙地使用其短处，使短处产生积极作用，则是管理者的高明之处。

善于用比自己更优秀的人

美国钢铁大王卡内基的墓碑上刻着这样一句话："一位知道选用比他本人能力更强的人来为他工作的人安息在这里。"

卡内基虽然被称为"钢铁大王"，但他却是一个对冶金技术一窍不通的门外汉，他的成功完全是因为他卓越的识人和用人才能，他总能找到精通冶金工业技术、擅长发明创造的人才为他服务。齐瓦勃是一名很优秀的人才，他本来只是卡内基钢铁公司下属的布拉德钢铁厂的一名工程师。当卡内基知道齐瓦勃有超人的工作热情和杰出的管理才能后，马上提拔他当上了布拉德钢铁厂的厂长。正因为有了齐瓦勃管理下的这个工厂，卡内基才敢说："什么时候我想占领市场，什么时候市场就是我的。因为我能造出又便宜又好的钢材。"几年后，表现出众的齐瓦勃又被任命为卡内基钢铁公司的董事长，成了卡内基钢铁公司的灵魂人物。

到20世纪初，卡内基钢铁公司已经成为当时世界上最大的钢铁企业。卡内基是公司最大的股东，但他并不担任董事长、总经理之类的职务。他要做的就是发现并任用一批懂技术、懂管理的杰出人才为他工作。卡内基曾十分肯定地说过："即使将我所有工厂、设备、市场和资金全部夺去，但只要保留我的技术人员和组织人员，四年之后，我将仍然是'钢铁大王'。"卡内基之所以如此自信，就是因为他能有效地发挥人才的价值，善于用那些比他更强的人。

领导智慧

企业的生存、发展离不开人才，一个成功的企业家就要善于寻找人才、借助人才，使人才为企业所用。

用好企业中的"二流人才"

高精尖的一流人才不是到处都有，每个单位都有一些条件稍差的员工，对于这样的"二流人才"，领导者千万不要把他们当成累赘，只要把他们放在适当的岗位，他们就是人才，就是财富。有一句话说得好："这个世界上任何东西都有它的用处，只是用处大小不一罢了。"同样，即使是再无能的下属，只要遇上一个会用人的领导，同样也能发挥他的长处，而这正是一个领导优秀还是平庸的区别所在。

"二流人才"指的是那些在学历、技能、年龄、政治条件等方面处于相对劣势的人，而不是那些主观不努力，工作态度很差的人。那么领导者应该如何使用这些"二流人才"呢？对于那些具有工作能力，却缺乏工作意愿的下属，即所谓"深藏不露"型，领导者应设法给予其发挥潜能的机会，可以将高难度的工作交付给他，让他享受一下"自我表现欲"的满足及喜悦感；那些工作勤勉却机运不佳的下属，可视为"面临瓶颈"型，可交付他们较富创意性的工作，来对其加以活用；对于那些"能力欠佳"型的人，领导者可以从基础开始对其进行锻炼，设法在这种部属身上发掘其优点。

很多企业现在已经摒弃了"尽可能用最好的人员"的原则，奉行"找到那些条件稍差的人，发掘他们的能力即可"的原则。每个单位都有大量简单的熟练工作、脏累工作，即使现代化的企业也如此。安排条件稍差的人去干，他们会全力以赴、专心致志地工作，创造出很高的工作效率，而不会有自卑感、沮丧感，不会感到大材小用，因为他们有"自知之明"，期望值并不高。

从这个意义上讲，任何单位都离不开"二流人才"，全是高学历、高素质人员组成的公司人才结构，未必是最佳结构。

领导智慧

"二流人才"也是企业的一项重要资源，对这些人的优点加以充分利用，不仅可以变废为宝，还可以为企业节省开支，可谓一举两得。

为人才选好"座位"

作为一名成功的领导，应该知人善任，让自己的下属去做他们适合的事情，这样才能充分发挥他们的工作潜能，实现组织人力资源的有效利用。

霍建宁和周年茂是李嘉诚手下的两员大将，针对两人的不同特点，李嘉诚对他们做了不同的安排。

李嘉诚发现霍建宁是一个策划奇才，却不是一个冲锋陷阵的闯将，于是在1985年任命他为长江集团董事，两年后提升他为董事副总经理，让他在幕后工作。不会闯荡不等于没有才干，外界媒体称霍建宁是一个"全身充满赚钱细胞的人"。长江的每一次重大投资安排，股票发行、银行贷款、债券兑换等，都是由霍建宁策划或参与抉择的。为了发挥霍建宁的长处，李嘉诚较少派他出面做谈判之类的工作，而是给了他一付新的担子，为李嘉诚当"太傅"，肩负培育李氏二子李泽钜、李泽楷的职责。

周年茂是长江元老周千和的儿子。周年茂进入长江集团之后，李嘉诚发现他做事干脆，口才很好，于是指定他为长实公司的代言人。周年茂看起来像一位文弱书生，却颇有大将风范，该进该弃，都能够把握好分寸，这一点正是李嘉诚最放心的。

李嘉诚善于识人，又能够把人才放在适当的位置上，这是他的高明之处，也是他管理好下属的一个良方。有许多领导者常感叹手下无人可用，其实在很多时候不是手下没人，而是没有把人放在正确的位置上。

领导智慧

让合适的人做合适的事，达到人事相宜，是领导者授权的一项重要原则。

高薪能激发员工的工作热情

史玉柱是我国商界的传奇人物，他曾经创立了巨人集团，公司破产之后又在全国掀起了脑白金热潮。2007 年，史玉柱开始进军网络市场，巨人网络一挂牌上市，开盘价就高达 18.25 美元，超过发行价 17.7%。在创造了一个又一个的神话之后，人们开始探究是什么让他能够置之死地而后生。其实他之所以能够一次次地从失败中重新站起来，靠的就是一群充满工作热情的员工。那么史玉柱是如何让员工保持这么高的工作热情的呢？方法很简单，利用高薪激发员工的工作热情。

巨人前副总王建回忆说："20 世纪 90 年代中期，脑白金战役第一阶段考核结束后，按照制度规定，对完成任务的经理兑现奖金，其中江苏和浙江分公司的两名经理个人奖金累积 40 万元，相当于当时广东市场一个月的回款。在集团办公会议上，面对奖金问题谁也不作声了，因为财务干脆把问题捅开了，若干个分公司存在回款作假，财务认为不能这么快发奖金。"

史玉柱被这种局面难倒了，非常尴尬。在士气与议论之间，在榜样与制度之间，他必须做出决定。最后，他还是力排众议，发奖金。当财务怀抱沉甸甸的现金进入表彰大会现场时，会议已经结束了，全体员工都在等，连保安都擅自离岗拥至会场。财务一出现，史玉柱就说，你们看，财务都抱不动了，全场的目光由主席台转向财务身上，先是寂静，继而是雷鸣般的掌声。

这样的激励方式，对员工的刺激相当大。在脑白金时期，员工们疯狂地工作、加班，史玉柱经常会在员工加班的时候动不动就发上几千元的奖金，让员工惊喜不已。此外，在脑白金时期，史玉柱在员工待遇方面的做法是：重点技术人员不受公司级别制度限制，只要技术能力强，就不怕付出高额报酬。后来，做网游时，史玉柱将这套模式运用到了游戏团队中，他说："游戏团队的薪水我不管，由管理层定，工资是一事一议，开多少钱评估一下，值得就给，不受任何等级限制。"

巨人网络上市后，史玉柱在接受媒体采访时说："刚做这家公司的时候，同行对我们都看不起，到现在，我们已经成为这个行业内市值最大的公司了，大家精神上非常开心，然后待遇上，我们给所有的骨干、所有的研发人员发了期权，上市后他们马上就可以衡量出来他们期权的价值，我们现在一下子诞生了21个亿万富翁，还有近200个百万以上的富翁，大家可以改善自己的生活。"

从史玉柱的做法中可以看出，将薪酬奖励与内在激励机制良好地结合起来，就会为企业带来更好的效益。尽管薪酬并非激励员工的唯一手段，也不是最好的方法，但它却是一个非常重要、最容易被运用的手段。相对于内在激励，企业管理者更容易运用薪酬激励

的方法，而且也较容易衡量其使用效果。

领导智慧

高薪最能激发员工的工作热情，也是企业成本最低的一种方式，但应该谨记金钱不是万能的。

优秀的人才是事业成功的关键

2008 年，比尔·盖茨想要收购雅虎，当媒体询问他"为什么雅虎值 400 亿美元"时，比尔·盖茨的回答令人惊讶："我们看上的并非是该公司的产品、广告主或者市场占有率，而是雅虎的工程师。"他表示，这些人才是微软在未来扳倒 Google 的关键。

比尔·盖茨将人才当成公司最重要的财产，他曾说："如果把我们顶尖的 20 个人才挖走，那么，我告诉你，微软就会变成一家无足轻重的公司。"比尔·盖茨认为，一个公司要发展迅速得力于聘用好的人才，特别是聪明的人才。

早在微软公司刚创立的初期，他就努力从熟悉的人中寻找聪明的人才，他亲切地称他们为"聪明的朋友"。到了后期，因为认识的人有限，他马上开始招聘陌生的聪明人。即使每年接到全球 12 万份多的求职申请，比尔·盖茨仍不满足，他认为还有许多令人满意的人才没有注意到微软，因而会使微软漏掉一些最优秀的人。所以，不论世界上哪个角落有他中意的人才，比尔·盖茨都会不惜任何代价将其请到微软公司。

几个真正出色的能人抵得上 1000 个普通的员工，就好比孙悟空一个人就能抵上千的虾兵蟹将。微软聚集了一大批顶尖级的聪明人，这使得他们在技术开发上一路领先、在经营上运作高超，微软成了全球发展最快的公司之一。

与成熟的企业相比，新创企业只有拥有更快的发展速度和更为出色的产品或服务才有可能获胜。而获得较快的发展速度和给客户提供较好的产品或服务，就需要优秀人才来决策和实施。对于创业者而言，人数的多少不重要，最重要的是出色的人才有多少。

 领导智慧

使用优秀的人，能够提高事业的成功率，可谓事半功倍。

因人设事也是一条用人之道

传统意义上的因人设事多含贬义，联想的创始人柳传志却认为，因人设事是真正的以人为本，人不到位，绝对不动，再热门的行业也不进入。

柳传志的用人思维看似与现代管理哲学相悖，实则另有奥妙。按照中国式管理思维，人始终是核心要素。理实佳讯管理顾问公司咨询总监李福波则认为，通过人与事的优化配置与组合，实现人本管理、事得其人、人尽其用。以安置当事人为目的还是以公司未来利益为导向，这是评判因人设事、因事设人孰优孰劣的基本标准。

在柳传志看来，企业就好比是舞台，人才是演员。只要有才能的人能唱戏，愿意唱戏，他都会不遗余力地将台子搭起来，将舞台打造得得心应手。如果没有演艺超群的好演员，而是一群跑龙套的小角色，再好的台子也是白搭。所以有时候他愿意等待、守候，愿意去寻觅，直到等到中意的人，然后就会毫不犹豫地轰轰烈烈地大干起来。

2002年6月成立的北京融科智地房地产开发公司，就是柳传志因人设事的一个典型例子。该公司是联想为进军房地产业而专门设立的全资子公司，公司的前身是联想科技园公司，主要承担物业的建设任务。而联想之所以会进军房地产，最主要的原因是联想在早期大规模建厂房时积累下了一批建筑和房地产规划人才，当房地产行业成为推动经济发展的支柱时，融科智地自然就成了联想控股现金回流较好的子公司之一。

领导智慧

对于因人设事的用人法则，我们不能完全否定也不能完全肯定，关键要看人与事是否为企业所需，是否符合公司的长远发展。

第三章
无威难驭下

时刻让人知道你是"有身份"的人

"身份"是一个很奇怪的东西，看不见摸不着，但能够被真真切切地感受到。成功的领导者和员工待在同一间办公室里，即使衣着差不多，别人也能一眼看出来谁是员工，谁是领导。领导的身份不是靠权力和制度来划定的，而是日常工作中有意"经营"出来的。领导要适当表现自己的"身份"。如果不能表现出这一点，那么这个领导者就是不合格的。

在生意场上混的人要有意做一些看似絮烦的事情，比如，时不时在高尔夫球场露露脸，请业务伙伴到高档酒店吃燕窝鱼翅，请记者和官员到歌厅唱歌，偶尔出国度假也要把消息"悄悄地"传给他人。有些消费并不一定是他们真正需要的，但这样做可以坚定下属乃至合作者的信心，并消除外界的怀疑。一旦一个人长期低调、谨慎，就会有内部外部的人猜测，他是不是职位不保、面临调整？从这个意义上来讲，领导讲身份和大牌明星讲排场，都是同一个目的。

为了显示身份，领导还要注意自己的讲话方式。一般来说，在办公室里跟员工讲话，要亲切自然，不能让员工过于紧张，以利于对方更好地领会自己的意图。但是在公开场合讲话，比如在公司大会演讲，做报告，就要威严有力，有震慑效果。

如果遇到员工意见与自己意见相左的情况，可以明确给予否定。如果员工的意见确实对公司、对自己有利的，也不要急于发表看法，可以先说"让我仔细考虑一下"或"容我们研究、商量一下"。领导可以利用时间从容仔细地考虑是取是舍，提出意见的员工也不会沾沾自喜，而会愈加谨慎。这样做在无形中增加了领导的权威，比草率决定要好得多。

除了注意言语，行为更加重要。领导的权威身份，一般都是由适合的行为动作表现出来的。聪明的领导者切不可在员工面前举止失度，行为轻佻。

你如果在单位内部获得了提升，就会发现原来平级的同事对自己的新身份表现得满不在乎，甚至不服气。如何突破这一考验呢？不可以摆架子，那样就容易把自己孤立起来。但可以有意拉开距离，不再一起吃吃喝喝、随意聊天，也可以在人事上进行一些调整，杀一杀不服之人的傲气。只有这样，才能让他们意识到谁才是领导。

领导者对自己的身份还有另一个担心：消磨日久，他人对领导的身份感觉变得麻木。因此，领导者也要经常显出自己的身份。

领导智慧

成为一个有心经营自己"身份"的人，培养自己的领导修养和素质，让人一眼便能感受你身为管理者的标签。

轻易道歉，不见得是好事

我们从小就被教育"知错会改就是好孩子"，耳熟能详的谚语还有"知错能改，善莫大焉"。这是劝告人们发现错误就要及时改正。但是对领导者来说，事情没有这么简单，领导者太过轻易地道歉，不见得是好事情。"对不起"这三个字不宜轻易说出。

如果"对不起"三个字从一个领导者口里说出来，那就意味着他承认自己做错了，有时还表示他没有能力去挽救了。偶尔为之的话，下属也许会认为这个领导胸怀坦荡，知错就改。如果他经常如此，下属就会开始怀疑他的能力是否够格，处事是否稳重。长此以往，会损害领导在下属心目中的威望与形象。作为管理者，如果轻易地道歉，就意味着对自己的工作一点儿责任感和信心都没有。这样的管理者是没有威信可言的。

常常看到一些基层管理者在遭到上司斥责后，马上就道歉。乍看之下，他是个坦率、服从的下属；但仔细想想，那何尝不是一种不负责的表现呢？这么轻易地说道歉，显示他不太有责任感。这样的管理者在嘴里说"对不起"，但其实真正心里想的却可能是："噢，我听见了"或"我根本没有道歉的必要"。

所以，负责任的管理者说"对不起"的同时，必须也要有准备"辞职"的觉悟。管理者应该有自己的主见，否则，就像墙头草两边倒，上司怎么说就怎么做，那么不但对方会受不了，自己的工作也没办法做好。等到发现错误再忙着道歉，那就为时已晚，而且更失去了担任管理者的资格。

"不要随便道歉"这句话，更深一层的解释应该是，做什么事之前要深思熟虑，要充满信心地去做，免得造成将来的遗憾。抱持这种工作态度的管理者，一定能得到下属们的信任。

同时，管理者也应该有所认知，轻易道歉的管理者，就是不可靠、不能托付重任的人。虽然坦率的个性可取，但如果表现太过分，视道歉为儿戏，视道歉为没道歉，视道歉为推卸责任、放弃责任的手段，这样的管理者不但其信用要打折扣，其人格也值得怀疑。

领导智慧

知错能改，没什么错，但"常错常改"就会损害领导者的威望和形象了。最好的办法是凡事三思而行，谨慎决策。

要有鲜明的立场，不可迁就大多数

某厂有个工人偷窃了厂里的线缆，偷得虽然不多，但性质很严重。厂长准备对此事严肃处理。可是不巧的是，这个人平时在厂里人缘不错，上上下下都多少有些交情。于是很多人给他求情。有人说："念他初犯，先饶过这一次吧。"有人说："数额又不多，也没给厂里带来多大损失，干吗这么严肃？"最理直气壮的一种说法是："你看，我们这么多人都来给他求情。少数服从多数，厂长也该听听我们的意见。"

厂长义正词严地回答说："什么少数服从多数？厂规是厂里最大多数的人通过的，要服从，就服从这个多数。"最后，在厂长的坚持下，这个人受到了严肃处理。

这件事发生后的一段时间内，厂长好像有点被孤立，但时间一长，理解和赞同他的人便越来越多，而偷盗厂内财物的情况也从此大为减少了。

领导一定要有鲜明的立场，不可盲从多数。虽说"少数服从多数"是一句人人惯说的口头禅，但还有一句话说的是"真理往往掌握在少数人手里"。不要认为只有照多数人的意见办事，才能和平地收拾局面，才不会把事情搞僵。最重要的是对真理的判断，而不是对人数的判断。有些居心叵测的人很善于忽悠群众，以"多数"作后盾而提出无理要求，这样的"多数"就无须服从。

更重要的是，如果领导一味服从多数，而无自己的立场和见解，威信就无法建立。人们会想，既然总是少数服从多数，每次直接投票得了，要领导干吗？

领导智慧

在处理公司事务中，身为领导者要有鲜明的立场和坚定的原则，不可因为多数人同意就盲从，要有自我判断和决策的能力。

把自己的话留在后面

稳重的人把自己的话留到后面讲，不稳重的人把自己的话放到前面讲。把话留在最后讲，好处有三：第一，让别人先讲话，是对他的一种尊重；第二，先讲话的人，容易露出破绽；第三，别人讲话的时候，你有更充分的时间准备自己的讲话。

在商业谈判和沟通的时候，尤其要讲究说话先后的艺术。有些急躁的人，客户还没开口，就急匆匆地把自己的话抖搂出来。既没有尊重客户，还很可能因为来不及思考而讲错了话，留下一大堆破绽，对方一旦还击，就没多少赢的机会了。有话让别人先讲，然后针对竞争对手暴露出来的问题予以还击，这样你的胜算才会大。

领导智慧

抢先发言往往是冲动冒失的表现，稳重的人懂得把自己的话留在后面讲，这样能根据对方的情况，相机而动，做到知己知彼，百战不殆。

先"处其位"，而后才可能"谋其政"

西方有句谚语："你可以先装扮成'那个样子'，直到你成为'那个样子'。"假装是养成习惯的最好方式。有些精英人物为了培养自己下一代的领袖气质，从娃娃时代就开始抓起，带着小孩参加各

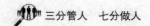

种高层会晤，让他们耳濡目染，现场学习上层人士的言谈举止。

在李泽钜、李泽楷兄弟俩不满 10 岁时，李嘉诚就在长实会议室配有"专席"，让他的两个儿子出席董事会议，接受最早的商业训练。这件事，过了好多年才被披露出来，有人不禁纳闷，不满 10 岁的孩子懂什么？其实李嘉诚并不在意他们听懂了什么，重要的是让他们在商业氛围中受到熏陶。

要培养一名音乐家，在襁褓时就要让他听曲子；要造就一个航海家，在他学步之时就要让他到舢艇里颠簸。要培养一名领袖同样如此。这个道理在政治竞选中也是绝对的真理。参选人首先要把自己当成领导者，然后选民才可能相信他能够作为领导者，并愿意投票给他。先"处其位"，而后才可能"谋其政"，这是一个提前上位的过程。不管是否当选，每个参选人在心理上都已经担任了一段时间的领导职务。

形象设计师英格丽·张提醒人们，像领导那样行动，像领导那样说话，那么，你就是领导。几乎所有的成功者都善于运用一些独特符号，向外界传递自己的强势身份信息。"装腔作势""装模作样"也是人们在谈判交易中百试不爽的招数。

领导智慧

先"处其位"，而后才可能"谋其政"。装成那个样子，你才有可能真正成为那个样子。

不能以假象立真威

秦二世时，赵高野心勃勃，日夜盘算着要篡夺皇位。可朝中大臣有多少人能听他摆布，有多少人反对他，他心中没底。于是，他想了一个办法，准备试一试自己的威信，同时也可以摸清敢于反对他的人。

一天上朝时，赵高让人牵来一只鹿，满脸堆笑地对秦二世说："陛下，我献给您一匹好马。"秦二世一看，心想：这哪里是马，这分明是一只鹿嘛！便笑着对赵高说："丞相搞错了，这里是一只鹿，你怎么说是马呢？"赵高面不改色心不慌地说："请陛下看清楚了，这的的确确是一匹千里良驹。"秦二世又看了看那只鹿，将信将疑地说："马的头上怎么会长角呢？"赵高一看时机到了，转过身，用手指着众大臣们，大声说："陛下如果不信我的话，可以问问众位大臣。"

大臣们都被赵高的一派胡言搞得不知所措，私下里嘀咕：这个赵高搞什么名堂？是鹿是马这不是明摆着吗！当看到赵高脸上露出阴险的笑容，两只眼睛骨碌碌地轮流盯着每个人的时候，大臣们忽然明白了他的用意。

一些胆小又有正义感的人都低下头，不敢说话，因为说假话对不起自己的良心，说真话又怕日后被赵高所害。有些正直的人，坚持认为是鹿而不是马。还有一些平时就紧跟赵高的奸佞之人立刻表示拥护赵高的说法，对皇上说："这的确是一匹千里马！"

事后，赵高通过各种手段把那些不顺从自己的正直大臣纷纷治罪，甚至满门抄斩。

这就是历史上有名的"指鹿为马"的故事。表面上看起来，赵高通过这个把戏树立了权威，从此朝廷之上群臣三缄其口，个个对他言听计从，没人再敢对他说半个不字。赵高从此便为所欲为，横行无忌。殊不知这种下三烂的立威招数，只能一时有效，终将招来祸端。

秦二世元年（公元前209年）七月陈胜、吴广起义后，原六国地区的起义军风起云涌，秦朝统治岌岌可危。秦二世三年八月，刘邦攻下武关后，赵高恐诛罚及身，趁二世在望夷宫斋戒之机，矫诏发兵围宫，逼令二世自杀。赵高企图篡位自立，但因左右百官不从，只好立二世兄子子婴为秦王，九月，赵高被子婴用计杀于斋宫，夷三族。

赵高的"威望"说到底也是从皇帝那里借来的，是一种"假威"。以"假威"得逞于一时容易，以"假威"得逞一世就难得多了。因为阴谋这种东西是见不得阳光的，也经不起风雨，只能存在于阴暗的角落。用"假威"做管人立威的根本手段，早晚会有穿帮的一天。

领导智慧

以"假威"得逞于一时容易，以"假威"得逞一世难。既然是立威，就要立真威。

成为端起猎枪的猎手

拿破仑有句名言："一头狮子带领的一群羊，能打败一头羊带领的一群狮子。"有一次，拿破仑在打猎的时候，看到一个大男孩不小心落入湍急的河水中，那个大男孩一边拼命挣扎，一边高呼救命。虽然这条河水并不是很深，拿破仑的随从中也有游泳高手，但拿破仑制止了大家准备下河救人的举动。拿破仑端起猎枪，对准落水者，大声喊道："你若不自己爬上来，我就把你打死在水中。"那个大男孩见求救无用，面对随时都有可能喷出火焰的猎枪，更加拼命地奋力自救，终于游上了岸。这个大男孩在两年后加入了拿破仑的部队，成为一名骁勇善战的士兵。他对别人说："不是我善战，是拿破仑逼着我必须跑起来。"

企业管理者应该善于推动团队进步，让团队成员跑起来。尤其是面对那些自觉性比较差的员工，一味地为他创造良好的软环境去帮助他，对他不会产生丝毫的帮助。相反，应该让他感受到

"大棒"的威胁，这样才能激发他们成长的动力。即便是自觉性强的员工也有满足、停滞、消沉的时候，也有依赖性。偶尔利用你的权威对他们进行威胁，会及时制止他们怀有消极散漫的心态，帮助他们认清自我，激发他们发挥出自身的潜力，重新激发新的工作斗志。

曾经有一个男孩问迪士尼创办人华特："你画米老鼠吗？"听到这个问题，华特明确地回答："不，不是我。""那么你负责想所有的笑话和点子吗？"小男孩追问。"没有。这也不是我的工作。"华特接着回答。男孩百思不得其解，又问："迪斯尼先生，你到底都做些什么啊？"华特笑了笑回答："我就是一个充气筒，给每个人打打气，我猜，这就是我的工作。"

华特揭示了企业管理者的真正角色：教练、老师，也可能是班长。企业管理者要能激励员工士气，传授员工经验，解决员工的问题，能令员工折服，必要时还得自己跳下来打仗。要让"有能力有意愿"的人，死心塌地跟着主管打拼，并且激励"有能力没意愿"的成员、提升"有意愿没能力"的成员，这是团队领导者最大的挑战。"建立一个成功的团队"是团队领导者的核心职能。

人们都知道，身教大于言传，示范和榜样的力量是无穷的。但是让很多管理者感到困惑的是，自己也在处处传帮带，部下的效率却越来越差。需要管理者反省的是，因为你的榜样已经演变成了事必躬亲，并且处处按照自己的操作过程来要求你的每一个下属，时间长了，什么事情你都干了，下属自然轻松地等着你来干。身教并不是自己一直要带着干下去，是阶段性的和创新性的。只有在有新工作时才需要加以示范、引导。在多数工作时间里，需要下属自主完成。通过亲身实践，他们才能成长。在员工提升能力过程中，企业管理者的主要工作就是推动他们，让他们跑起来。只有他们跑起来，企业的发展速度才能高起来。

领导智慧

如果说企业管理是一锅菜，那么老板就是烹调的火和煮菜的手，让每一味料都热起来并入味三分。不用事必躬亲，但是他作为企业核心的存在却是让人安心的力量。

谨言慎行，说一不二

树立威信的第一要素就是"严"。严就是严格要求，但是严格要求他人的前提是严格要求自己。管理者对自己要求要严，凡事要从我做起。管理者发出的指令能否得到最有效的施行，直接关系到管理者权力的影响度、威信的分量。因此，管理者发号施令要做到说一不二、言出必行。

1. 谨言慎行

圣人举步，众目睽睽。地位和知名度很高的人，他们的一举一动，必有相当多的人注目而视。此谓"船摇一尺，桅摆一丈"。因此，具有高度社会地位的人，应该对自己的言行抱着戒惧、审慎的态度，才能名副金口玉言之实。

"一言既出，驷马难追。"圣人接触别人，小心言行，不为防人，只为防口。人之口舌软而无规，人与人之间，舌之作用可当得半个人。身处高位的人，一咳嗽一眨眼都会引起众人注意，当年美国前总统布什访日，于席间昏倒，立刻影响到华尔街股市价格。鉴于此，管理者修正自己的言行非常必要，那些轻视这个道理与原则的人，必定会不时引起群体舆论的攻击，因而遭受困扰。因为，地位愈高的人，他们在外的名声愈是属于整个社会。

循着尊重别人，戒言慎行的原则，一片赞誉定然是伴随着你的。反之，则说不定。越是声望高时，越应该谦虚地审度自己的言行。

否则，声望也有可能走向反面，正所谓不积小善，无以成名；不积大恶，不会有灾；小恶多积，恶掩善言。

2. 说一不二

王命不能轻易下达，既然说了就需要有人不折不扣地执行，说了就不可轻易变更。一旦改变了，再去执行当然不好办。君子一言，驷马难追，王者发令，重于泰山。说到做到，是树立权威的妙法，所谓信义不过如此。

领导智慧

管理者事无巨细皆要做到"言必行，行必果"，严于律人律己。

小事也要严格要求

作为管理者，能够发号施令使下属依己之意行事，而下属也是言听计从，这当然是一件好事，但能够立权树威却不是一件简单的事情，只有从小事做起，在管理工作中注意细微小事，点点滴滴地树立自己的威信。

下命令是自由的，被命令的人可就没那么自由了。要求下属必须遵从，就必须具有足以让下属心服口服的理由才行，这样的威信只有靠平时一点一滴才能树立起来。

经过一番奋斗，你终于脱颖而出，觉得"自己总算苦尽甘来"，同事和上司认同你的能力，对此应该有个正确的认识，要做到以威信服人，而不能以权压人。

假若你的能力与职位存在差异，无法完成基本任务，就应该坦白相告，如果说些丧气话或埋怨组织，则不可能树立威信，长此以往，只能因令人无法忍受而被弃用。当然，如果这只是一时的情绪，还是可以原谅的。平时不妨试着愉快地抿嘴唇，尽量放松心情，千万不可一上任便威风八面，这样不但不能立权树威，反而会逐渐丧失人心，失去支持，成为孤家寡人。

作为一个管理者，虽然常有泰山压顶之事，你也要做到不慌不忙从容处置。你的坦然，本身也可以产生一种威权。

领导智慧

立权树威绝不是一件简单的小事，在管理工作中要从细微入手，点点滴滴地树立自己的威信。

与下属保持适当距离

管理者与下属保持距离，具有许多独到的驾驭功能：可以避免下属之间的嫉妒和紧张，减少下属对自己的恭维、奉承、送礼、行贿等行为，可避免对自己所喜欢的下属的认识偏颇，"近则庸，则威"。作为一名管理者，要善于把握与下属之间的远近亲疏，使自己的主管职能得以充分发挥。

有些管理者想把所有的下属团结成一家人似的，这个想法是很可笑的，事实上也是不可能的，如果你现在正在做这方面的努力，劝你还是赶快放弃。事实上，与下属建立过于亲近的关系，并不利于你的工作，反而会带来许多不易解决的难题。如在你做出某项决定要通过下属贯彻执行时，恰巧这个下属与你平常交情甚笃，你的决定恰巧与他有关，为了支持你的工作，他放弃自己暂时的利益去执行你的决定，这自然是最好不过的。但是，如果他是一个不晓事理的人，就会找上门来，依靠他与你之间的关系，请求你收回成命，这无疑是给你出了一个大难题。收回成命必然会受到他人非议。不收回，就会使你与这位下属的关系恶化，他也许会说你是一个太不讲情面的人，从而远离你。所以，请你记住这句忠告："城隍爷不跟小鬼称兄弟。"

领导智慧

管理者应适当控制与部属之间的距离，不可过分疏远，忽视了员工的能动性，也不应过分亲密，影响了自身的决策。

带头做出业绩，权威水到渠成

管理者表现自己的权威的一个重要方面就是做出更大的业绩，用业绩说话，以业绩来树权立威。我们平常所说的"是骡子是马牵出来遛遛"就是这个道理，只要有真才实学，只要有能力做出真成绩，何愁没有权威呢？

某公司经理上任伊始，一改前任领导人做事拖泥带水的风格，决心整顿公司内部的陈务，并且制定出相应的对策，首先自己带头遵守公司的新规章，但效果并不理想。经过了解，才知公司员工对他有一种观察态度，不太信任他的能力和专业水平。

鉴于此，该经理决定亲临第一线，与销售人员一道奋战。一个月后，公司业务量大增，效益也大为改观，员工内部赞叹声一片，从此大家也以该经理为榜样，勇于承担责任，积极主动干活，公司发展前景一片光明。

这就是典型的以业绩树立权威的例子。但同时也有一些管理者，由于缺乏工作经验和领导能力，上任后被一些琐碎的具体工作所淹没，被一些复杂的人际关系所缠绕，被一些细小的工作耗费了大部分精力，而使全局的工作失去平衡，更不能在业绩方面使员工信服，时间一长，没有了权威，弄得自己十分尴尬。

管理者应该严格要求自己，多吃一点苦，为下属多负担一点工作，做出一些举措来给大家看看，只要用自己的行动干出实行业绩，下属自然会心服口服。俗话说，群众的眼睛是雪亮的。下属最讨厌的就是光说不练，只要管理者注意从实际业绩方面多做一些，给下属做个榜样，权威自然会有。

领导智慧

"是骡子是马牵出来遛遛"，只要有一定的能力做出真成绩，权威自然水到渠成。

无私才能扬威

管理者在进行管理活动中，会经常为大家调解纠纷，解决矛盾。在这些事情的处理中，是否出于公心，处理得是否合理，都会直接反映管理者的管理水平，影响管理者的自身形象。每一个管理者在自己的岗位上，都希望标榜自己对下属公平、公正、无私。什么才会是无私、公平呢？

如果现在你手中有一件非常轻松的工作，它只需要花费一点时间和精力，便会立即产生明显的效果，而且这件工作深受组织上下的瞩目。若圆满完成了任务，还有机会和最上层领导见面，得到特别的表彰，此时，你应当选择哪一位下属去完成任务，还是自己亲自去解决问题呢？

实际上，这并不是一个很容易回答的问题，作为一个主管，是分配每位下属相同的任务公平呢？还是给予优秀者困难的任务，给予能力差的下属简单的任务？此时作决定的要诀是无私、公平，亦即不可考虑自己的利益所在，绝对不可以因为工作轻松又可获得利益，便想夺过来，企图"自己做"。因为你的企图很容易被下属看穿，不论何时，由上往下看，往往不太可能知道实情。然而，由下往上看，都大致能正确地了解一切。

公平、无私是管理的一个要则，无私才能扬威，才能使自己在下属中树立威权，但是，这个问题单靠理论说明是无法解决实际问题的，下面举一事例说明。

假如你现在有一件难度颇大的任务，你想寻找哪一位合适的人选呢？

王某很能干，他会迅速有效地完成任务，但是他目前手中有多项任务，无法腾出精力，李某现在比较空闲，但是他行动迟缓，做的事错误百出，有时根本无法完成任务。如果你内心想着，等到王某有时间时再让他去做，我可以轻松一下。或者想着让李某去做，乘机可以教训他一下，而且我指出他的错误，必然可以增加我的威信。这样的念头，都会使下属对你的信心大减。

唯一的选择是：公平、无私，因为只有无私才能扬威。

管理者在交往中要廉洁奉公，要善于摆脱"馈赠"的绳索。无功受禄，往往容易上当，掉进别人设下的圈套，从而受制于人。有功于人，也不要以功臣自居，否则施恩图报，投桃报李，你来我往，自然被"裙带"所缠住，也会受制于人。

馈赠是一种加强联系的方式，这往往诱使管理者误入歧途。有些馈赠的背后隐藏着更大的获取动机，特别是在有利害冲突的交往中，随便接受馈赠等于授人以柄，让别人牵着鼻子走。

管理者在交往中，要注意自己身边人员的状况，从实际情况来看，管理者的行为在很大程度上受制于其贴近的人，这些人对于管理者既有积极作用又有消极作用。平时，管理者在一些事情上是依靠他们实现管理的，而他们又转靠"别人"的帮助来完成管理者的委托，于是就出现了"逆向"的情况。管理者周围的人可直接影响管理行为，而"别人"又可左右这些人的行为，这里存在着一条"熟人链"。显然，这些人不仅向管理者表达自身的需要，而且还要为"别人"办事，这自然增加了制约因素。

总之，管理者应该注意不要受身边人的制约，不仅要调整好与他们的关系，而且还要改变他们中的人员结构，提高他们的素质，避免给工作增加困难。

领导智慧

面对管理中的各种难题，唯一正确的选择是：公平、无私，因为只有无私才能扬威。

莫对个别下属另眼相看

对下属进行管理不要存有偏见，凡是对一些人有偏见的管理者，对另一些人则会另眼相待。"有偏见当然不好，我们对工作努力的人另眼相待难道也不对？"有的管理者不明白了。我们的回答是：另眼相待同样有害无益。

对于干得出色的下属当然应该表扬，但是，该表扬的时候表扬，该评功的时候评功，平时还是应该与其他下属一视同仁。这就是说，他靠工作出色赢得了他应该得到的东西，其他方面还是同别人一样。别人若像他一样工作，也能赢得所应该得到的东西。这里强调的是工作，突出的是公平。

如果你把一切特权都授予了他，甚至对他做错的事也睁一只眼、闭一只眼，那么，你让别人怎么向他学习？另眼相待所造成的特殊化，容易使人觉得不公正，这样也就不能在组织内部进行有效的惩戒。同时也使他和其他人员有了差距和隔膜，别人反而无法也不想向他学习了。人们会因为妒忌、仇恨而消极怠工。"他既然这么得宠，为什么不把所有的工作都给他去做呢？我们还忙什么啊！"

一定要给下属一种公平合理的印象，让他们觉得人人都是平等的，机会均等、人格平等他们才会奋发，才会努力。这样做，对做出成绩的人也有好处，有助于他戒骄戒躁，不断上进。成功者戒骄戒躁，精益求精，后进者不断上进，积极追赶，也只有形成这样一种氛围，才能进行有效的管理。对女性或体弱的人员也不能另眼相待。确实不适合女性工作的岗位，干脆就不要安排女性。既然安排了女性，就要同工同酬。

体弱的人员也是一样，要么明确规定半休，要么在规定的时间内也要和其他人员一样工作。我们不要以为好心一定能干好事，像另眼看待这种"好事"，不论对本人，对旁人都是有害无益的。

总之，管理者在处理与下属的关系时，要一视同仁，同等对待，不分彼此，不分亲疏，不能因外界或个人情绪的影响，表现得时冷时热。当然，有的管理者本意并无厚此薄彼之意，但在实际工作中，难免愿意接受与自己爱好相似、脾气相近的下属，无形中冷落了另一部分下属。

因此，管理者要适当地调整情绪，增加与自己性格爱好不同的下属的交往，尤其对那些曾反对过自己且反对错了的下属，更需要经常交流感情，防止造成不必要的误会和隔阂。

有的管理者对工作能力强、得心应手的下属，亲密度能够一如既往。而对工作能力较弱、或话不投机的下属，亲密度不能持久甚至冷眼相看，这样关系就会逐渐疏远。

有一种倾向值得注意：有的管理者把同下属建立亲密无间的感情和迁就照顾错误地等同起来。对下属的一些不合理，甚至无理要求也一味迁就，以感情代替原则，把纯洁的同事之间的感情庸俗化。这样做，从长远和实质上看是把下属引入了一个误区。而且，用放弃原则来维持同下属的感情，虽然一时起点作用，但时间一长，"感情大厦"难免会倾覆。

领导智慧

管理者一定要给下属一种公平合理的印象，对待每个人都要客观公正，让大家觉得人人机会均等、人格平等，这样他们才会积极主动地做事。

好名声带来好威信

明智的管理者最在意的是名声，有好名声才有好威信，才能做到众望所归。因此，作为一个管理者，不能不领会厚德得人心的内涵，只有顾及下属对自己的品质评价，只能在下属面前树立一个仁义宽厚的形象，才能更好地立权树威，做到取信于"民"。

树立一个仁义宽厚的形象，将大大有利于管理工作的开展。这也是厚德得人心的真谛所在。要做到这一点也不是不可能的，管理者不妨从以下几个方面入手，培养自己的宽厚品质。

1. 努力收敛自己的大脾气

有些管理者脾气暴躁，情绪容易失去控制，事无大小都喜欢以大脾气压人，他们总以为大发脾气可以造成一种震慑力。其实不然，脾气发得过多，会让下属见怪不怪，其效用也就逐渐失去，而且聪明的下属还会形成一套自我保护的办法，这叫"上有政策，下有对策"。

2. 不专权独裁

有的管理者特别喜欢把下属管得严严实实，喜欢看到下属对自己唯唯诺诺、服服帖帖，在具体事情上干预过多，甚至干涉下属的私事。这是非常不明智的做法，久而久之下属会对管理者采取抵制、敌视的态度。正确的做法应该是给下属一定的自由空间，不要试图把他们套在自己的小圈子里，分派任务时多强调目的、结果，而具体完成工作的方法、手段，则应该由下属自己决定。

3. 勇于认错、改错

上司犯了错，绝没有掩盖的必要，欲盖弥彰，反而影响到自己的形象和威信。勇敢地承认错误，或者公开道个歉，这未必是一件坏事，说不定还会带来意想不到的效果。勇于认错、改错并不是把污点扩大，适当地认错，可以把污点变为亮点，这就是小过不掩大德的道理。认个错，当即改正它，这实际上是在显示管理者本人的"大德"。

领导智慧

未见其人先闻其"声"。管理者的好名声就如品牌塑造一样，打造其在公司内部的知名度和信任度。

轻诺者寡信

"取信于民"是每个管理者开展工作的基石，如果得不到下属的信赖，天长日久，管理者的威信就会一落千丈，其领导地位就会失去基础。

古人云，"一言既出，驷马难追"；"言必行，行必果"。这是做人的学问，也是管理者处理好人际关系树立自己威信的准则。

不少管理者所做的最糟糕的一件事就是爱许诺，可他们却又偏偏不珍惜这一诺千金的价值，在听觉与视觉上满足了下属的希望之后，又留给了人们漫长的等待。

诺言最能激发人们的热情。试想在你头脑兴奋的状态下，许下了一个同样令人兴奋的诺言：若超额完成任务，大家月底将能够拿到 40% 的分红。这是怎样的一则消息啊。情绪高亢的人们已无暇顾忌它的真实性了，想象力已穿过时空的隧道进入了月底分红的那一幕。

接下来人们便数着指头算日子，将你的许诺化为精神的支柱投入到辛勤工作之中去了。到了月底，人们关注的焦点还能是什么呢？而你此时最希望的恐怕就是有一场突如其来的大运动，将人们的注意力统统引向另一个震荡人心的事件，最好是大家就此得了失忆症，在见到你时，问你的都是"我是谁？"这样的问题。

难以实现的诺言比谣言更可怕。虽然，谣言会闹得满城风雨、沸沸扬扬，但人们不久就会明白事实的真相，但未兑现的承诺骗取的是人们真心的付出。就如你让一个天真的孩子替你跑腿送一份急件，当孩子跑回来索要你的奖赏时，你却溜之大吉，那孩子可能会由此而学会了收取定金的本领。一旦下属有了这样的心态，那管理者在组织中就是一个彻底的失败者，权威没有了，难得的信任也消失了，哪里还有威信可言？

须知，管理者的命令不是圣旨，但其承诺却有着沉甸甸的分量。对于不能实现的诺言，最好今天就让下属失望，也不要等到骗取了下属的积极性后的明天让他们更失望。

当然，这里要宣扬的是许下诺言并勇于兑现诺言的守信作风。想想田间耕耘的老农，他从绿油油的庄稼看到了来年收成的希望。许诺也会让下属感觉到将要收获的是一个沉甸甸的未来。诺言的兑现让所有等待了许久的人有一种心满意足的喜悦，更坚定了他们"未来就在自己手中"的信念。那样，管理者将成为众人关注的热点，伸向管理者的不再是讨要报偿的大手，而是热情的、助其成就事业的有力臂膀。

领导智慧

人都应该言出必行才有威信，领导者更应该金口玉言、一诺千金，才得以彰显自身的人格魅力，也才能得到员工的充分支持和信赖。

利用情感树立威信

在人际交往中，感情是必不可少的因素。感情是相互间建立良好关系的润滑剂，聪明的管理者都十分注重感情投资。

对于感情投资，必须有一个正确的认识。应该是自觉地、一贯地，不能只做表面文章，保持三分钟热度。以情动人贵在真诚持久。"路遥知马力，日久见人心"，大多的感情投资需要较长的时间才能结出果实，因为人与人之间的理解与信赖需要一个过程。

感情投资不讲究一日之功。如果管理者能长期注重感情投资，对管理将会大有裨益。

感情作为联系人际关系不可缺少的纽带，存在于管理者与下属之间，这种感情是互相影响的。想得到下属的理解、尊重、信任和支持，首先应先懂得怎样理解、信任、关心和爱护他们。有投入才会有产出，有耕耘才会有收获，不行春风，哪得春雨？所以，作为一名管理者，一定要高度重视对下属以心换心，以情动情。

与下属以心换心、以情动情之所以必要，是因为人人都有这种需要。马斯洛的"需求层次说"认为：凡是人都希望别人尊敬和重视自己，关心体贴自己，理解信任自己。这种需要，是属于心理上和精神上的，是比生理和物质上的更高级的需要。物质只能给人以饱暖，精神才能给人以力量。"士为知己者死"，如果管理者能够对下属平等相待，以诚相见，感情相通，心心相印，从思想上理解他们，从生活上关心和爱护他们，在工作上信任支持他们，使他们的精神得到满足，他们就会焕发出高昂的热情，奉献出无私的力量，就会把工作做得更好。

许多古代政治家都善于以心换心，以情动情。刘邦的"信而爱人"，唐太宗的"以诚信天下"，都是颇为动人的领导行为。每个人都需要别人特别是管理者的同情、尊重、理解和信任。如果管理者能够注意这一点，并身体力行，那么组织就会出现和谐、融洽的气氛，内耗就会减少，凝聚力和向心力就会大大增强。

中国民谚里关于以心换心、以情动情的话比比皆是。"投之以桃，报之有李""你敬我一尺，我敬你一丈"，等等。在现实的公司管理工作中，上司更应该感情投资，知晓人情也是自己雄厚的资本。

领导智慧

领导者对员工的感情投资是十分必要的，许多时候，"动之以情"的将心比心相对于三令五申来说，效果更为显著。

浇树要浇根，带人要带心

一个组织或团队汇集了来自五湖四海的人，作为管理者应该想一下：这些性情各异的人为何会聚集在你的周围，听你指挥，为你效劳？

俗话说："浇树要浇根，带人要带心。"管理者只有摸清下属的内心愿望和需求，并予以适当的满足，才可能让众人追随你。

下面是专家对普通劳动者共同需求的分析，作为管理者应熟谙于心。

1. 同工同酬

大多数人都希望他们的工作能得到公平的报偿，即同样的工作得到同样的报酬。他们不满的是别人干同类或同样的工作，却拿更多的钱。他们希望自己的收入符合正常的水平。偏离准则是令人恼火的，很可能引起大家的不满。

2. 被看成是一个"人物"

人们往往希望自己在伙伴的眼里显得很重要。他们希望自己的出色工作能得到承认。鼓励几句、拍拍肩膀或增加工资都有助于满足这种需要。

3. 步步高升的机会

大多数人都希望在工作中有晋升的机会。向前发展是至关重要的，没有前途的工作会使人产生不满，最终可能导致辞职。

4. 在舒适的地方从事有趣的工作

人们大都把这一点排在许多要素的前列，他们希望有一个安全、清洁和舒适的工作环境。但是，如果对工作不感兴趣，再舒适的工作场所也无济于事。

领导智慧

成功的上司只有满足了员工真正的期待和需求，才能获得他们的真心以对。赋予他们物质和精神上的收获，给予他们人格和尊严的自信。

积极挖掘下属的闪光点

不是每个下属在工作和业务中都会有显著的成绩，许多人表现甚至很平庸。事实上，在任何一个单位中，真正出类拔萃的只是少数，而大部分都处于一种中间状态。那么怎样对待这些表现一般的下属呢？

这些下属虽然表现一般，但并非说明他们没有能力，有些是很不错的，只不过他们的能力还没有被激发出来，而且，他们也更需要管理者的关注和激励。这就要求管理者要有挖掘这些一般下属优点的眼光，如果管理者能够在日常的工作事务中发掘出他们的优点并予以哪怕是口头的表扬，就可能改变很多人，大大激发他们的潜能。

　　譬如，小王是广州一家公司的技术员，由于刚从高校毕业，对实际工程操作还不顺手，在第一年中几乎没有任何可圈可点的表现，他自己也灰心丧气。但是这家公司的老板却发现小王有一个可贵的优点，就是理论基础扎实，于是老板不仅私下里找小王谈心，表扬他这个优点，并把他安排到车间里进行锻炼。结果一年以后，小王凭他深厚的理论功底再加上实践经验，设计出了一种新颖的操作流程，为该公司带来了大笔利润。

　　即使下属没有潜在的才能，但只要他诚诚恳恳、兢兢业业，就值得赞扬。某单位的一个清洁工，本来是一个最被人忽视、最被人看不起的角色，但就是这样一个人，却在一天晚上单位保险柜被窃时，与小偷进行了殊死搏斗。

　　事后，有人为他请功并问他的动机时，答案却出人意料。他说，当公司的总经理从他身边经过时，总会不时地赞扬他"你扫的地真干净"。你看，就这么一句简简单单的话，就使这个员工受到了感动，也正合了中国的一句老话"士为知己者死"。

　　年利润高达 6 亿美元的美国玛丽·凯化妆品公司经理说，有两件东西比金钱更为重要——认可和赞美。

　　的确，金钱在调动下属们的积极性方面不是万能的，而赞美却恰好可以弥补它的不足，而且在这方面表现得更为有力。因为生活中的每一个人，包括你的下属们都是有自尊心和荣誉感的人。你对他真诚的表扬与称赞，就是对他价值的最好承认和重视。而能真诚赞美下属的管理者，能使员工们的精神需求得到满足，因此更容易得到他们的拥护，缩短了他们与管理者之间的心理距离。

领导智慧

　　要想充分调动下属员工的工作热忱和积极性，需要用真诚的赞美去唤起员工的自觉意识。

让自己保持"竞技状态"

一般地说，下属对新任的管理者或新进人员对自己的管理者总是十分注意的。管理者的一言一行，都会给大家留下难以忘却的印象。这"第一印象"如何，对管理者以后的工作会产生长久的影响。所以，管理者在此时一定要给大家留下一个良好的印象。上任时要充满信心地去上任，千万不能有怯阵的表现，要像发起冲锋前的战士那样，满怀必胜的信念去迎接战斗，在下属面前树立起一个精力充沛、开朗乐观、勇往直前的形象。

这种精神状态不仅是开创新局面所必需，而且对所有成员都有极大的影响。所以，管理者一定要使自己处于良好的"竞技状态"，杜绝任何犹豫和胆怯。要精神饱满、斗志旺盛、勇敢坚定，以义无反顾、所向披靡的冲击力，信心百倍地前进。没有这样一种良好的精神状态，什么事情也做不好。

管理者在塑造自我形象时，要避免走入误区。一个出色的管理者必然会有其过人之处，但这种过人之处只可能集中在某些侧面上。有人认为管理者为树立权威就要时时处处显得比下属高明。其实，这毫无必要。

某厂长一次下车间巡视，指出一车工技术粗糙，该员工微有不服之态。此厂长二话不说，换上工作服，上车床操演起来，果然又快又好。一时围观者为之叹服。如果事情到此为止，那么不失为以行动树立威信的范例。错就错在该厂长以下的言行。大概得意忘形，该厂长竟一拍胸脯言道："技术不比你强，我敢做这个厂长吗？这不是吹牛，无论车钳铆焊，只要有谁的技术比我好，我马上拱手让位。"此君把威信理解为轻狂了。这种狂傲反倒是给人一种极端不自信的感觉，显然，此君并没有对自己作为一厂之长的工作性质和存在价值有一个清楚自信的认识，他把自己降为一个和员工比技术的角色。据说，后来真有一好事青工要和此君比试焊接，该厂长自知失言，并未应战。此事在当地企业界传为笑谈。

以清高的方式来表现"威信"，不但不利于树立权威，而且可能拉大管理者与下属的距离，增加隔阂，其所要塑造的威信也会大打折扣。因而一个管理者勿以清高为威信，走入"威信"误区。

领导智慧

在公司企业里，要保持昂扬的斗志，充满干劲和信心，树立良好的形象。

没有翘起尾巴的老虎

每个人都不可以炫耀自己，管理者尤其应该如此。你何时见过威严的老虎翘着尾巴走路？管理者不可炫耀自己，其理由有三：

（1）管理者所处的地位，相对而言总比周围的人要优越。别人对你本来就存有戒心，这种戒心是羡慕、嫉妒和畏惧的混合物。你若炫耀自己，就是在强调你身上被人羡慕、嫉妒和畏惧的那些方面，把羡慕推向嫉妒，把嫉妒推向愤恨，同时，畏惧却变成了轻视。

（2）管理者也希望不断获得晋升，炫耀自己则会毁了自己的前途。要知道，上司的地位在你之上，至少在他的心目中，他肯定要比你强。在上司面前自夸，等于在竭力证明你比他强，甚至是在暗示现有状况的不公平，显示出取而代之的野心，这是上司最感恼火的。

（3）有相当一部分的管理者炫耀自己倒不是因为虚荣和浅薄，而是因为他们感到有强调自我价值的必要。在下属面前，他们希望通过这样做使人人敬畏、佩服，以后指挥起来更能得心应手。在社会上，他们希望通过这样做而获得别人的信任，为组织带来更多的好处。在上司面前，他们希望通过这样做而得到赏识，如同"毛遂自荐"，在同伴之中脱颖而出，为自己打开前程的大门。

殊不知，你有本事，用不着炫耀，别人也会看到。一味炫耀自己，结果可能会适得其反。

即使在有必要介绍自己的工作能力和业已做出的成绩时，也必须实事求是，同时态度要沉着，语调要平稳，用词要恰当，不要给人留下炫耀的感觉。

领导智慧

过分地炫耀是不明智的举动，它引起的麻烦将比得到的美慕多得多。

注重自己的仪表有助于树立威信

安德鲁·卡弗掣克在认真地研究衣着对人气质的影响后，写成了《成功与衣着》这本书。书中的主要论点是：衣着适合领导特定的职业和身份，就会促进他的成功；反之，衣着不适合领导的身份，将会有损领导的形象，从而不利于领导气质的培养。

其实，这种观点不难理解。试想一下，美国总统穿着背带裤站在电视台上发表演讲，恐怕只会让人感到滑稽，而不会产生对他的尊敬，更不会认为他这样做会有什么魅力可言。所以领导应该十分注重自己的衣着形象，穿衣戴帽，都应当考虑到你所领导的是哪一类人，以及你是什么类型的领导，要让衣着最大限度地展示你的魅力，从而成为领导者走向成功的有力催化剂。

埃尔顿将军在第一次世界大战时还是位年轻的上校，他的制服与众不同，使其在同等级别的军官中显得尤为引人注目，这也是他日后得以提拔为中将的原因之一。那时的军服有些呆板，埃尔顿将军不满这身戎装，于是在大前提不变的情况下稍作改动。例如，他从不戴笨重的钢盔，他的理由是"笨重的钢盔抑制了我的思考，使我不能有清晰头脑去指挥作战"，这是幽默的回答。再如，勋章在许多人眼里举足轻重，如同士兵手中的枪，作家手中的笔一样重要，但埃尔顿将军以为，炫目的勋章固然令人感到荣耀，但这代表了过去而不能作为未来的功劳。于是，他自作主张，在自己的制服上别出心裁地挂着女友爱莎的头像。精致的头像加之精美的金属外壳更使埃尔顿将军在庄严肃穆的军营显得人情味十足，他手下士兵维勒曾说："我一见到埃尔顿将军胸前的那枚精美的头像，便减少了对战争的紧张感和恐惧感，头像也使我在战斗闲暇时想起了家乡。"这便是埃尔顿将军成功的秘诀之一。

假若你想刻意表现出自己的领导气质，那么你就必须多花心思来塑造自己的形象，每位领袖的形象都是固定的，你不必为追求某位领袖特定气质而使自己焦头烂额，要知道，你完全可以根据自己固有的形象加以装扮而不是一味模仿别人。14 世纪中叶的伊戈尔曾说过："一位服装整齐的教士，乃是自我尊重的外在表现。他表现出了能够控制自己的能力，而使信徒更加虔诚地皈依基督。这是因为力量并不会是角斗与争斗，良好的外表这本身便是巨大的力量。"

领导智慧

气质和人格魅力是可以通过出众的仪表表现出来的，所以领导者注重个人仪表不仅是一种礼仪，同样也是一种威信的树立。

当众责罚可以有效树立威信

面对一个犯错误的下属，是在众人面前责备他，还是在私下斥责他呢？既然都是斥责，在公开的情况下进行比较妥当，这也是树威的一种手段。

若有一件事可以很明显地看出是王某的过错，而领导只是对王某说"要小心一点"便原谅了他，那么下回当林某也犯错时，就无法斥责他了。渐渐地下属越来越难管，最后领导会落得谁也不敢骂的下场，而无法继续领导下属。所以在需要斥责时，就必须大声地斥责才行。

在众人面前斥责部属，其他的下属会引以为戒。此即所谓的"杀一儆百"，其意并非真的处罚一百人，而是借处置一人来使他人反省。

上司借由斥责属下的行为，亦能转换为本身的警惕。领导在要求属下"不准迟到"时，自己也绝不可迟到。斥责酗酒的部属时，自己也绝不可有酗酒的情形发生。斥责下属，受益最多的人是自己。因此，领导者更不应该错失良机。必须谨慎地选择斥责的机会，并且好好珍惜被斥责的下属。

领导智慧

在正当的时间、地点的前提下，当众斥责下属，这不仅是一种立威之举，也是警醒犯错者和其他人的有效方式。

关键问题要抓准

管理人员的任务是协调人、账、物流，保证其畅通无阻，所以管理人员应当懂得"提纲挈领"的艺术，不能够"胡子眉毛一把抓"。抓住关键的前提是领导对工作流程的熟悉和对员工情况的了解。对于员工在工作中出现的问题和困难，首先分出轻重缓急，重要的优先解决，以不影响生产的大局为准，次要的也要考虑其可能引发的其他问题，找到预防解决的办法。对关键环节要给予足够的重视，组织员工进行重点的维护，保证整个流程不出现"瓶颈"现象。

员工中总会有几个人起到主心骨的作用，他们能够及时表达大多数员工的心愿。作为领导者，应当首先清楚员工的个性特点，对语言具有号召性、敢说敢做的下属给予特别的注意，因为他们往往是人员管理的关键人物。聪明的管理人员会在这些关键人物身上多花费一定的时间，让他们明白自己的管理理念，依靠他们的号召力去做宣传，使之深入人心，从而节省管理者不少的气力和时间，提高管理效率。对于员工而言，管理者直接的说教会让人觉得反感，而自己群体中一员的宣传，会更容易让人接受。

所谓"擒贼先擒王"，对付员工中的小派别的方法，也是抓住这些关键人物，逐一击破，就不用再担心派系中的小士卒了。

当下属犯了错误，批评和惩罚下属时也要直接干脆、直刺痛处，争取一针见血。有时某人总是犯同样的错误，或者代表一类人的错误，这时的惩罚一定要选择时机，待其犯错最典型、最显而易见、最有危害性时方下手。切忌无事生非，不明事实；也切忌小题大做，要做到使受罚人口服心服，才会真正让众人引以为戒。

领导智慧

"擒贼先擒王"，只要摆平员工中有影响力、号召力的关键人物，逐一击破，就不用再担心其他人了。

严格是为了让他进步

公司、企业针对自身的性质和运营情况都制定了一些规章制度，绝不能让这些规章制度成为摆设。管理者需要以有效的手段保证其得到贯彻落实。一旦发现有人违规，便加以惩治，绝不手软。既然身为公司的员工就有责任遵守公司的各项规定，严格执行这些规定则是管理人员义不容辞的责任。

日本山善公司社长山本领导部属的方法堪称严格中的典型。他经常对下级的短处毫不客气地一一指出，严加训斥。按一般常识，这种工作方法似乎容易挫伤别人的积极性，未必能使年轻人心悦诚服。事实上，这种手法收效甚大，山本有亲身的体验。中国有句古话："严师出高徒。"山本在学徒时经常挨骂，有了某种过失就会受到斥责，就连上司情绪不佳时，他也会被当成"出气筒"，直到他从业多年后，才对这种严厉的训斥产生了新的看法。当有人批评他时，他就暗暗寻思，感谢对方指出了自己的缺点。严厉的批评指责，使他得到磨炼，逐渐地成长和完善自己。山本的事业一步一步地发展壮大，得益于对员工严格的管理。

让下属知道上司要求严格乃是为自己进步时，上司的责备就不再仅是呵斥了，更是一种出色的教育，也是一种人格的完全移植。但呵斥下属时，不能夹杂任何的个人私怨，必须诚心诚意地为对方着想才行。

严格的管理要求对员工一视同仁，无论资深的老员工，新进的年轻员工，还是女性员工，只要犯了错误，影响了工作，都要受到严厉的批评乃至惩罚，绝不能采取姑息纵容的态度。严格的管理是质量的保证。

有的领导在斥责下属的错误时，下属并非一定会从内心深处感到懊悔，有的则会支吾其词或者将责任推到别人身上。身为管理者，要有充分的心理准备，对于难缠的辩解，要给予缜密的考虑，但对于错误绝不能偏袒和姑息。

领导智慧

上司严格管理和对待下属，客观地指导和批评，是保证公司团队工作质量的基础。

罚得人心服口服

下属犯下不可原谅的错误，理应受到应有的惩罚。下属对自己受到的处罚，思想也难免一时转不过弯来，这就需要做领导的私下里与他谈一谈，交换一下意见。

所谓交换意见，并不是让领导对受处罚的下属唠叨一大堆，一个劲儿地对他进行教育和说服，而是让对方参与到谈话中去，进行交流。否则，领导说了大半天，却没有说到点子上，起不到实际作用，对方也会产生反感。

在谈话中，要让下属逐渐认识到自己受处罚的合理性，认识到处罚并非是有意为难他。如果对方确有委屈或难言之隐，领导应该表示体谅，说一些劝慰的话。要让员工明白，处罚决定的做出，绝不是专门对人的，而是对事的。

许多员工会认为，他们受到了处罚，他们的人格同时也就受到了侮辱。领导者需要通过交流思想让他们明白，所有的处罚都是为了部门的利益和发展，而不是故意去损害某人的感情。

在肯定被处罚对象的工作成绩时，领导者要坦诚善意地指出对方违反了什么纪律，会给部门工作造成什么样的不良影响，做到循循善诱，切勿简单粗暴。

在谈话结束时，可以为受处罚对象寻找一个合适的客观原因和理由，让对方明白这次受处罚是一次特例，希望他下次能够避免这种失误，这样容易让对方下得了台阶。还要告诉对方，他的工作态度一直都是很好的，希望他以后在工作中，为了部门的发展而继续努力。

在行使处罚手段以前，通过和风细雨的谈话，有劝说、有疏导、有安慰、有勉励，才能让下属心服口服。在惩罚别人的时候，要照顾他的自尊，不要因为他做错了事而否定他的人格。

当领导的必须明白，员工的自尊心是应该受到保护的。不伤害人的自尊心，不仅是尊重员工的人格，而且对企业发展大有裨益。有自尊心的人，会要求上进，有上进心才会努力工作。

明智的领导要保护下属的自尊心，要想方设法加强下属的自尊心。如果员工在受到惩罚时自甘堕落，自暴自弃，到头来他本人毁了，企业的工作也会受到很大的影响。

伤人自尊是领导者的大忌，领导者在心情不好的时候，尤其要格外注意。不要因惩罚而使雇员一蹶不振，更不要因此而造成其心灵和人格上的创伤。

领导智慧

必要的处罚是个人和公司得以进步的手段之一，但是应在沟通中循循善诱、劝说疏通，不伤害员工自尊，并让其明晓事理。

杀鸡儆猴，震慑人心

杀鸡吓猴，大多是统治者用来镇压民众或威慑人心的惯常手段。人们一旦提起，总带有些阴暗的色彩，但如果"杀鸡吓猴"这样的潜规则运用得当，能起到震慑人心的作用，让自己处于主动地位。

齐国人孙武是我国古代伟大的军事家，兵学的鼻祖。他因内乱逃到吴国，把自己著的兵法敬献给吴王阖闾。阖闾说："您写的兵法十三篇，我都细细读过了，您能当场演习一下阵法吗？"孙武回答说："可以。"吴王又问："可以用妇女进行试练吗？"孙武又答道："可以。"于是吴王派出宫中美女180人，让孙武演练阵法。

孙武把她们分成两队，让吴王最宠爱的两个妃子担任队长，每人各拿一把戟。孙武发令问道："你们知道你们的心、左右手和背的部位吗？"她们都回答说："知道。"孙武说："演习阵法时，我击鼓发令，让向前，你们就看着心所对的方向；让向左，就看着左手所对的方向；让向右，就看着右手所对的方向；让向后，就转向后背的方向。"她们都齐声说："是。"

规定宣布后便陈设斧钺，并反复宣布军法。然后便击鼓发令向右，宫女们却嬉笑不止。孙武说："规定不明确，口令不熟悉，这是主将的责任。"于是他又重新申明号令，并击鼓发令向左。宫女们仍然嬉笑不止。孙武说："规定不明确，口令不熟悉，这是主将的责任；现在既然已经明确了，你们仍然不服从命令，那就是队长和士兵的过错了。"说罢，就要斩左右队长。

吴王站在观操台上，看见孙武要杀他的两个爱妃，大吃一惊，急忙派人向孙武传令："我已经知道将军善于用兵了。我没有这两个爱妃，连吃饭也没有味道，希望不要杀掉她们。"孙武回答说："臣既然已经受命为将，将在军中，君主的命令有的可以不接受。"说完就杀了两个队长示众，并重新任命两名宫女担任队长。重新击鼓发令，宫女们按鼓声向左向右，向前向后，跪下起立，一举一动完全符合要求，没有一个人敢发出声音。

作为部队的指挥官，必须做到令行禁止、法令严明，否则指挥不灵，令出不行，士兵一盘散沙，怎能打仗？所以，历代名将都特别注意军纪严明。管理部队，刚柔相济，关心和爱护士兵，但决不能有令不从，有禁不止。所以，有时采用"杀鸡吓猴"的方法，抓住个别坏典型从严处理，就可以震慑全军将士。

领导智慧

"杀鸡"是手段，"吓猴"是目的，令行禁止是一个组织有效运转的前提。

话里有话显身份

有权力意识的人最终会建立起自己的权威。只有树立起自己在下属中的权威，才能达到控制下属的目的，因为有权威才会有敬畏和服从。在言语中端点架子是树立权威的一种方法。不露痕迹地击败对方的一个好方法是装作对他们的要求无能为力，这种阻碍性的无能为力亦可造成一种"有权力"的印象。

"我无权去……""这样做对我来说是不负责任的""我觉得这样做不恰当"，这三句话分别给人以权威、责任和正派的印象，进一步说，这样的说法也不大可能受到挑战。

当然，你大可不必用充满敌意的态度说明自己的原则，应该表现出你的遗憾，必要时甚至可以辅之以同情的泪水。

下面几句话既可以表现你的同情，又不失办事原则：

"就我个人而言，我很同情你，但你是知道那些规定的……"

"我真希望我能帮你……"

"我已绞尽脑汁，可是实在是无计可施……"

"你也知道这方面的规定非常严……"

"很不巧，我们没有这方面的规定……"

"真不好意思，我办不到……"

这些语言技巧的优点在于对所有的人都适用，即使是最低级的下属也可以给对方留下一个有权力的印象。

领导智慧

展示自己权威时并不一定要横眉冷目地坚持原则，偶尔佯装无能为力也是上层人士的管理之道。

有权威才会有服从

某公司的部门经理借用公司的车去参加一次会议。他在开会的时候，停在外面的车因阻碍交通遭警察扣留，这位经理吓呆了，因为他知道车第二天还要用，这时只有行政部领导有权签发取回车子所需的罚款。

行政部领导原本只要立即签一张小小的现金收据就行了，但他想借此机会显示他的权威，让秘书假称他正在开一个重要会议，不便受到打扰。那位部门经理别无选择，只得等待。所谓的"会议"结束了，行政部领导并没有马上办理，而是质问了部门经理半天才同意签字。

这次权威的使用使部门经理的态度发生了变化，经理不再像从前那么盛气凌人了。

这则故事的寓意是：当他们需要你的时候，他们已别无选择。任何你有权说"是"或"不是"的机会都是你展示权威的时机，这时，你不妨摆摆架子，借此树立起自己的权威。

提起上司、领导，多数人的感觉是"架子大"、"官气十足"。而且人们总是习惯用"架子大"来形容某些上司脱离群众、目中无人。但是，"架子"绝不仅仅是一个消极、负面的东西，还有着它积极而微妙的意义，成为许多上司管理下属的一种十分有效的方法。

"架子"其实可以理解为一种"距离感"。许多上司正是通过有意识地保持与下属的距离，使下属认识到权力等级的存在，感受到上司的支配力和权威。而这种权威对于上司巩固自己的地位、推行自己的政策和主张是绝对必需的。如果上司过分随和，不注意树立对下属的权威，下属很可能就会因为轻慢老板的权威而怠惰、拖延甚至是故意进行破坏。所以，上司通过"架子"来显示自己的权力，进而有效地行使权力是无可非议的，对于上司很好地履行自己的职责也是十分必要的。

领导通过"端架子"，可以使自己显得比较神秘。因为领导处于各种利益、各种矛盾的焦点上，若想实现自己的目的，就必须懂得掩藏自己，使自己的心机不被窥破。如果下属很容易就揣摸到上司的心理，他就很可能利用此来达到自己的某种目的，从而危及或破坏上司意图的实现。而不暴露自己的最好办法，莫过于增加与下属的距离，减少接触，使自己保持一种神秘莫测的状态。

许多上司最头痛的便是事无巨细都要亲自处理，而更希望的则是自己抽出时间和精力来处理大事。而随和的言行会使下属产生一种错觉：这个上司好说话，是不是让他解决一下我的问题……这样，势必会使许多下属抱着侥幸的心理来请求上司的亲自批示，而一旦不能满足又会心生怨恨。因此，用这种"轻易不可接近"的"架子"可以逃避细小琐事的烦扰，把更多的脑力用于谋划大事上。

领导智慧

有时"端架子"并不一定是坏事。一方面是一定的权威，不管它是怎么形成的，一方面是一定的服从，这两者都是我们所必需的。

建立"权威的脉络"

权威存在于组织之中。换句话说，权威是存在于正式组织内部的一种"秩序"，一种信息交流的对话系统。

一些新上任的中层领导者之所以失败，是因为他们不能在组织内部建立起这种体现权威的"秩序"。

要建立和维护一种既能树立上级威信，又能争取广大"中性区域"员工的客观权威，关键在于能否在组织的内部建立起上情下达、下情上达的有效的信息交流沟通系统，这一系统既能保证上级及时掌握情况、获得作为决策基础的准确信息，又能保证指令的顺利下达和执行。

要做到这一点，处于中间的中层领导者必须具有相应的能力。身居其位而不具备这种才能，只能导致组织权威的削弱。强而有力的人员被不适当地放在不适合的岗位上，同样会导致类似的削弱权威的情况出现。

由此可见，权威的树立既有赖于组织内部成员的合作态度，更有赖于组织内部能否建立起行之有效的信息交流沟通系统。如果没有这样一种系统，组织成员的支持和合作是不可能持久的；如果这样一种系统运转不灵、前后矛盾、错误百出，使组织内部成员无所适从，那么，不要多久，对组织最忠诚的人也会挂冠离去。

因此，这样一种信息交流系统的建立和维护，是一个组织存在与发展的首要条件，然后才谈得上组织的有效性和高效率，这些都是一个组织存在的基本因素。用技术的语言来说，上述这种信息交流系统，叫作"权威的脉络"。

通常，在组织内部建立信息交流系统时，应着重做好以下几点：

（1）应该明确地宣布这种信息交流沟通渠道，做到人人知晓。换句话说，就是应该尽可能明确地建立起"权威的脉络"。做到这一点的办法有很多，如及时公布上级管理层的一切任命，明确个人的岗位责任，明确宣布组织机构的设置和调整，进行说服教育，等等。

（2）客观权威要求把组织内部的每一个人都置于这种信息交流系统之中，无一例外。这就是说，在组织内部，必须建立起个人与组织之间的明确关系。

（3）这种信息交流（对话）越直接，层次越少，距离和时间越短就越好。所有指令（书面的或口头的）应该见诸文字，内容应简明扼要，避免任何误会。为保证指令在传达过程中不走样，应当减少层次。组织内部的层次越少，指令的下达就越直接、越快，差错也就越少。

（4）应当注意信息交流（对话）系统的完整性。中层领导者的指令一定要确保做到逐级传达、人人皆知，防止"串线"或越级现象的发生。

（5）组织的工作人员必须胜任。组织越大，对工作人员的要求也越高，特别是要有应变的能力。这是因为，中层领导的首要任务是把收到的有关外部条件、业务进度、成功、失败、困难、危机的大量信息，经过综合分析和研究，演变为组织新的业务活动的指令和部署。

这就要求其工作人员不但要熟练地掌握各种现代化的技术手段，而且要具有强大的应变能力，才能做到及时地掌握本组织系统各级单位的业务活动情况，正确分析组织的外部环境和条件，制定出符合组织宗旨的新的活动方针。

领导智慧

一个组织的信息结构应该像四通八达的大道，让来往的人行走畅通无阻，行人开心了，作为交通载体的大道就成功了。

有所为才能建立威信

如果一个中层领导者懦弱无能，那么，无论他怎样努力也是不可能拥有权威的。中层领导者要想在组织中占有一席之地，进而树立自己的权威，就必须有所作为。当然，有所为并不是指中层领导者个人多么能干，更不是指中层领导者自己唱"独角戏"，而是说中层领导者应该充分发挥自己的领导能力，真正为群体服务，做出业绩。

对于身处顺境中的中层领导者来说，一般是比较容易做出一番业绩的。但是，如果身处逆境的话，许多中层领导者可能就会被环境所左右，难以有所作为了。更有甚者，往往被环境所同化，很可能从此一蹶不振。

殊不知，越是身在逆境，或者是面临危机的时候，越是中层领导者大有作为、树立权威的最佳机会。英国的社会心理学家布朗曾以旧式的机械与新式的机械为比喻，来说明无能的领导与卓越的领导之间的差别。

老式的机械一旦启动，就会一直以机械性的正确度不断地运转，不管有没有做工，它都无法依自我意志停止，除非是人把它关掉或是停电。相反的，新式的机械由于装有自动控制装置，所以它可以掌握环境中传来的各种信息，实现领导功能，根据具体情况采取正确的操作。

无能的领导者就如同旧式的机械一样，根本无法接受外来的信息，所以这种领导者只有在组织的目的一致、运作顺畅时，才能产生领导作用。然而，卓越的领导者首先会让自己适应所在的环境，然后根据具体情况，想办法改变整个环境。

从布朗所举的这个例子可以看出，在现代信息社会中，一个领导者应像新机械一样，能根据外在环境的变化，调整自身，从而促进环境的改变。这种做法，实际上是领导者有效树立权威的一个行之有效的途径。

新上任的中层领导者，如果只是忠实地执行上司的命令来实施管理、监督，那就无法切合客观形势的实际需要。因此，中层领导者必须对自己所面对的客观状况予以正确的判断，据此下定决心，下达命令，将上司的意图结合现场的状况，从而最有效地完成任务。

总之，新上任的中层领导应当努力把自己塑造成具有自我成就和改变环境的强烈欲望与能力的统帅。

唯有如此，才能更加充分地发挥自己的领导才能，统率下属奋力前进，成为一个"运筹帷幄，决胜千里"的杰出领导者，从而在下属中享有崇高的领导权威。

领导智慧

中层领导在执行上层命令和规定时，也要结合个人创新和群体服务意识，从而适应环境、改变环境。

冷面掌权，铁腕立威

一个有影响力的领导立威并不简单，事实上，这也是一种提升影响力的方式。因为领导过程本身是复杂而多变的，在一个急需建立秩序却又久已形成拖沓、散漫痼疾的组织中，有时需要领导者要以冷面掌权，利用坏的态度来强调个人的权力。的确有许多领导者以不敬的言行及粗鲁的举止借以证明他们有足够的权力去侮辱那些必须听命于他们的人。事实上，就像有人所说的："我知道你不喜欢这种言辞，但你无法加以反对。实际上我正是用它来向你表示我毫不在乎你的想法。"不敬还有一层含义，它是一种威胁或是强制别人服从权力的行为。

冷面掌权如能有节制地使用，可以立即建立起领导者个人影响力的优越地位。但作用是有限制的，也有缺点，它降低了整个组织的宽松气氛。

一个有影响力的领导者冷面的态度如果表现得并不十分过分时，有时会比较有用，并且经常都是以被领导者迅速服从的方式表达出来。

当他们要求别人协助时，总是用这些措辞："这些细节我一点都不懂"，或"不要告诉我那些专业术语，只要告诉我行还是不行"。

幽默对权力而言是一种不可靠的工具。喜欢权力的人都很认真，他们不相信任何形式的幽默。有权力的人在任何情况下，不把笑话当成幽默性的消遣，而把它当成一种控制谈话的工具。

虽然冷面掌权似乎不是所有领导的立威途径，但如使用恰当，事实上却是一种提升领导者的影响力的有效武器。天下的事情都是平等的，一个因严厉、易怒及敏感而有影响力的领导者通常可以迅速使组织中形成一种必须服从的气氛，可以让领导者的各种指令毫无困难地被落实和执行，可以让领导者的权威在短期内急剧上升。历史上有很多以严厉、冷面出名的领导者，如孙武、巴顿等，不仅个人影响力极高，而且所领导的部下与团队常常在这样的领导者的统帅下，攻无不克，战无不胜。当然，在现代组织中，或是在长期的领导过程中，单凭冷面和严厉来树立领导威信还是远远不够的。

领导智慧

一个因严厉、易怒及敏感而有影响力的领导者通常可以迅速使组织中形成一种必须服从的气氛，可以让领导者的各种指令毫无困难地被落实和执行。但这种立威方式的运用必须有所限制，不得已时而用之。

赏罚分明，方显公平

奖赏是正面强化手段，即对某种行为给予肯定，使之得到巩固和保持；而惩罚则是属于反面进行强化，即对某种行为给予否定，使之逐渐减退。这两种方法，都是领导者驾驭下属时不可或缺的，二者相辅相成，相得益彰。

但具体运用时，领导者又须掌握两者不同的特点，适当加以运用。一般说来，正面强化立足于正向引导，使人自觉地去行动，优越性更多些，应该多用。而反面强化，由于通过威胁恐吓方式进行，容易造成对立情绪，要慎用，可将其作为一种补充手段，但是这种手段也不能被剥离出去。

强化激励，可以获得领导者所希望的行为。但并非任何一种强化激励都能收到理想效果，从时间上来说，如果一种行为和对这种行为的激励之间间隔时间过长，就不能收到好的激励作用，因此要做到"赏不过时"。

对于违反规章制度的行为进行惩罚，也是非常必要的，必须照章办事，该罚一定要罚，该罚多少就罚多少，来不得半点仁慈和宽厚。这是树立领导者权威的必要手段，西方管理学家将这种惩罚原则称之为"热炉法则"，十分形象地揭示出了其内涵。

"热炉法则"认为，当下属在工作中违反了规章制度，就像用手去碰触一个烧红的火炉，一定要让他受到"烫"的处罚。这种处罚的特点在于：

——即时性。一碰到火炉时，立即就会被烫。

——预先示警性。火炉是烧红了摆在那里的，你知道碰触就会被烫。

——适用于任何人。火炉对人不分贵贱亲疏，一律平等。

——彻底贯彻性。火炉对人绝对"说到做到"，绝不是儿戏，吓唬人的。

当领导的必须具备软硬两手，并且实施起来要坚决果断。奖赏是件好事，惩罚虽然会使人痛苦一时，但绝对必要，这样才显得赏罚分明，显示出公平，体现功有奖、过则罚的制度刚性。如果执行赏罚之时优柔寡断，瞻前顾后，就会失去奖惩应有的效力。

领导智慧

有功则赏，激励勇进，有过则罚，防患败迹。赏罚分明，公平公正，御人之道。

触犯众怒的业务骨干也只好请他"下课"

在团队内部，不乏一些能力强、水平高的员工，他们有创新意识，勇于接受挑战，是领导者的好帮手，团队的业务骨干。但这类员工往往会由于业务做得比其他员工好而产生盲目的自信心理，与同事相处表现出优越感，通常表现是做事以自我为中心，我行我素，听不进去反对的声音，一意孤行。这样一来，难免会引起其他同事的反感，严重时很可能会引发大家的共愤。

这时，管理者最好的办法就是忍痛割爱，请这个触犯众怒的业务骨干下课。哪怕他是一个能力超群的优秀人才，如果可能导致严重的后果，也可能不得不痛下决心了。

李智是南方一家大公司刚上任的总经理。为了革新技术，李总特意聘请了一位年轻工程师刘东。刘东早年在国外留学，毕业后一直在欧美工作，有丰富的理论和实践经验，是推动公司技术革新的理想人选。为说服刘东，李智亲自去美国把刘东接回来，让其任生产部经理的职务。

刘东长期的海外管理方式，让公司员工很有抵触情绪，加之其个性容易和别人发生摩擦，尤其是在与下属打交道的时候。刘东在进公司时曾明确表示，他不能容忍任何人干涉他的工作方式，包括李总在内。由于人才难得，李智答应了，并与公司高层进行了必要的沟通。

李智是一个信奉民主管理的总经理，所以在各个方面比较照顾员工的意见和利益，这也是他获得大家信任的重要原因。另一方面，他也非常支持刘东在改善企业生产方面所做的努力。

接着刘东提出了一项影响更大的计划。这项计划将原本每个工人负责一台机器的方式，改为两个人负责三台机器，这样可以减少一个人同时又不影响产量。实施这项计划需要花不少的钱，但是效果会很好。他保证新计划的花费可以在一年内收回。这项计划也意味着马上有 1/3 的员工成为新计划的牺牲品；留下的工人、干部的工作量大大增加。这是一项影响公司所有人的重大变化。

刘东的新计划提出后，立即遭到公司很多人的反对。李智就向大家承诺，实施新计划将不会裁员，公司可以用加薪的方式解决增加的工作量。由于李智急于飞往美国与一家大客户谈判，因此很快就离开了公司。临走之前，授权刘东实施他的新计划。

得到李智的支持后，刘东全力投入了新计划的实施。但由于刘东经常与干部和工人直接接触，大部分工作刘东现场处理，强力执行，因此双方的关系越来越僵。当李智从美国回来的时候，双方的危机已经一触即发。虽然刘东所计划的设备重新布置的工作已经结束，但工人还是不同意这种安排。调整后的设备仍然是每人负责一台机器。

工人代表与李智进行了谈话，表达了大家对新计划的强烈不满：大家不能接受 1/3 的工人下岗，因为很多人都为公司服务了很长时间，出去之后也难以寻找合适的工作；另外，技术革新后，增加的工作强度让人很难接受。代表还要求李智免去刘东的生产部经理职务，否则，中层干部将集体辞职，并暗示他将会把此事告知董事长。

李智很快就接到了董事长的意见："绝不能让工厂停产，因为如果现在的订单不能按时交货，公司将面临巨大的赔偿。"

此时，李智不知如何是好，看来工人们已经和董事长有过沟通。如果工人们真的摊牌，董事长会接受他们的要求，甚至牺牲自己。另一方面，从生产经理的职责出发，刘东真的十分称职，而且自己亲自把他请来，并一直支持他的工作，现在能够牺牲他吗？

李智经过认真分析、仔细考虑之后，做出决定让刘东离开，尽管刘东的技术和管理能力很强，但他容易与人摩擦的管理风格以及他对工人漠不关心的做法，显然与整个公司的传统和文化格格不入。加上新计划的影响实在太大，并不具备真正实施的条件，所以，生产经理刘东必须辞职，尽量以最优待的方式来处理。

一名优秀的工作人员，除了才华之外，还要具备很多其他的条件，才能真正获得成功。在这个案例中，刘东成了新计划的牺牲品，虽然面子上无光，刘东也应当理解这次教训对自己的重要意义。时下，一些青年才俊往往恃才自傲，目中无人，而忽略了人际关系的重要性。这样往往在工作中到处碰钉子，成为特定危机的牺牲品。

刘东尽管十分委屈，也应当接受这个事实。换一个地方从头开始是刘东的合理选择。在新的岗位上，刘东应当具备全面分析处理问题的能力，并要充分尊重同仁，并获得大家的支持。

身为管理者的李智，也应当从中吸取教训：必须选择适当的人选担任重要的职务，刘东的继任人必须完全符合这项工作的要求。另外，李智绝对不能从原班人马中提升新的生产经理，这样，自己的未来将十分被动。

领导智慧

领导者面对的不是个人，而是一个团队，不能以自己的好恶来决定人事的任免。而且一名优秀的人才应当同时具备"合群"的素质，不然只会扰乱军心。

坚决扼制"权臣"的影响力

一般来说，"权臣"是指做事干练、能力超强的下属，面临一些重大事情或者难题时，他会挺身而出站在前沿，帮你解决一些棘手的问题，从而抵挡冗事杂务的侵扰。这样的下属能力强，可以为管理者分忧解愁，但也有其消极作用的一面。

能力强往往会自恃清高，大多数"权臣"向来不怎么好管，如果管理者放任自流，一旦他的影响力威胁到你对整个局势的控制，恐怕不管也得管了。秦王嬴政就坚决扼制了"权臣"吕不韦的影响力，从而把权力牢牢握在自己手里。

嬴政初为秦王时，秦国目睹耳闻之处，都是吕不韦的声威。喧宾夺主，的确压过了年轻的秦王。此时在诸侯列国君臣的眼中，确乎有如没有嬴政这个真正的秦王存在。

随着嬴政的逐渐长大，自然是无法容忍这种有名无实的尴尬处境。但他深知处置吕不韦需要一个渐进突变的过程。于是他先果断地斩杀了嫪毐，想等到有实力了，再向吕不韦果断出击。

在政局趋于平稳时，嬴政决定扼制吕不韦的权力。罢免一个让诸侯景仰的权臣总是需要一个充足的理由。其实早在审理嫪毐叛党的过程中，嬴政就已发现，正是由于吕不韦的推荐，嫪毐才得以受太后宠幸。嬴政决定以此为由来惩罚吕不韦。

嬴政先是罢了吕不韦相国的职务，然而回想吕不韦为秦国所做的杰出贡献不忍心杀他。再加上众多大臣替吕不韦说情，嬴政终于放弃了杀他的念头。

嬴政罢了吕不韦的相权后，又把其逐出咸阳，赶到洛阳的封地去了。但吕不韦回到封地之后，百姓们都欢迎他的归来，其门客也纷纷转道来投，诸侯国的使者也不断地去宴请吕不韦。这又让嬴政不安了，他没想到吕不韦的影响力竟然有如此之大。

吕不韦为秦国所建的功绩嬴政自然清楚，正是他的功绩和他所实行的各种内外政策为他赢得了巨大的名望。作为一名清醒的政治家，嬴政明白吕不韦所赢得的这种尊重和名望一旦变成一种可怕的力量，就会危及大秦江山。

嬴政担心吕不韦被贬之后，思想有所转变，成为六国的风云人物，怎可了得呢？经过一番考虑之后，嬴政决定抛开个人感情，对吕不韦再次做出处理。他写信给吕不韦说："君何功于秦？秦封君河南，食十万户。君何亲于秦？号称仲父。其与家属徙处蜀！"

这两句话说得何等无情，这话从国君口里说出，吕不韦自然无力争辩，他知道早晚难免一死，于是，吕不韦喝下毒酒，自杀身亡。在吕不韦死后，他的门客数千人偷偷地聚集起来为他办理丧事，这些人是自发且冒着生命危险来为吕不韦吊唁的，由此可以看出吕不韦在秦和诸侯国之中的影响之大。

在听到众门客吊唁吕不韦的消息之后，嬴政非常震惊，他下令对吕不韦的门客进行处置。命令中规定：凡是吕不韦的门客临丧的，如果是晋人，一律驱逐出境；如果是秦人，俸禄在六百万以上的官员一律免除爵位，迁到别的地方去；如果是俸禄在五百石以下的官职，又不曾临丧葬的，迁到别的地方后可以保留原来的爵位。最后嬴政又特别强调："从今以后，如果有像嫪毐、吕不韦那样专横的，一律按照此例籍没他的全家为奴。"

我们可以说秦王的做法有些残酷无情，但从嬴政个人角度来看，对于像吕不韦这样影响力极大的"权臣"，没有嬴政这样的铁腕还真的不容易制伏，发展下去，势必形成尾大不掉的局面，嬴政管人的高明之处正在于此。

领导智慧

"卧榻之侧，岂容他人鼾睡？"对"权臣"应该坚决打击，防止其坐大，悔之晚矣。

强迫越轨者出局

个别员工自大到漠视团队的制度法规，试图搞特权，凌驾于权威之上，游离于纪律约束之外，令团队的工作无法顺利进行，甚至直接阻碍着团队的成长与发展。管理者切不要放纵自流，姑息将就，一定要当机立断，严惩不贷。最好方法就是：管理者对其运用一定的手段，强迫其出局。因为，这个个别员工已经侵蚀了你手中的权力，管理者要意识到这不仅是对你作为领导者个人的不敬，而且是对整个组织管理秩序的破坏。因此，必须让他归其本位，正常的手段不行就只能强迫其出局，总之必须把"管人"的权力，收回到自己手中。清帝康熙就是采取强迫的方式将越轨者鳌拜剔除出局的。

康熙六年，康熙已有亲政的想法，经皇太后同意，于当年七月初七举行亲政大典，宣示天下开始亲理政事。当时，鳌拜想借索尼去世之机，攫取启奏权和批理奏疏权，但这随着康熙亲政而破灭了。

但他又不甘心，拉苏克萨哈和他一起干预朝政，试图以太祖太宗所行事例来压制康熙帝。而苏克萨哈一向鄙视鳌拜所行，故断然拒绝了鳌拜的要求，鳌拜便转而陷害苏克萨哈。

此时鳌拜的党羽已经形成，势力强大。甚至敬谨亲王兰布、安郡王岳乐、镇国公哈尔萨等人也先后依附于鳌拜。特别是在上三旗中，鳌拜已占绝对优势，镶黄旗全部控制，正黄旗随声附和，正白旗遭受了严重打击和削弱，而宫廷侍卫则完全由上三旗负责，康熙仍处境困难。

正白旗辅政大臣苏克萨哈不甘心与鳌拜同流合污，但又无法与之抗争，便产生隐退念头，遂于康熙亲政后的第六天，以身患重疾为由上疏要求"往守先皇帝陵寝"，并含蓄地提到自己迫不得已的处境。

此举自然也有迫使鳌拜、遏必隆辞职交权的意图，因而更引起鳌拜的不满。他矫旨指责苏克萨哈此举，操纵议政王大臣会议，颠倒黑白，给苏克萨哈编造了"不欲归政"等24款，拟将苏克萨哈及长子内大臣查克旦磔死，其余子孙无论年龄皆斩决籍没，族人前夕统领白尔赫图等亦斩决。

但康熙"坚执不允所请",而鳌拜强奏累日,最后将苏克萨哈改为绞刑,其他仍按原议执行。这使康熙又一次受到震动。

鳌拜除掉苏克萨哈后更加肆无忌惮,甚至在康熙面前也敢呵斥部院大臣,鳌拜的亲信即便是王府长史一类的小官,也可以参与议政。更有甚者,鳌拜可以公然抗旨,拒不执行。在此情况下,康熙决计除去鳌拜,只是鳌拜势力强大,不能掉以轻心,必须以计擒之。

康熙七年九月,内秘书院侍读熊赐履上疏建议革除朝政积弊,并把矛头指向鳌拜。此疏深为康熙赞同,但康熙以为时机尚未成熟,不能打草惊蛇。而暗地里,康熙却在悄悄部署捉拿鳌拜的各项准备工作。他特地以演练"搏击之戏"为名,选择一些忠实可行的侍卫及拜唐阿(执事人)年少有力者,另组一支更为亲信的卫队善扑营,并请在上三旗侍卫中很有威望的已故首席辅政大臣索尼次子、一等侍卫索额图为首领。当时索额图改任吏部侍郎不足一年,遂"自请解任,效力左右"。

康熙八年五月中旬,一切安排就绪。康熙于十六日亲自向善扑营做动员部署,并当众宣布鳌拜的罪过。随即以议事为名将鳌拜宣召进宫擒拿。当时鳌拜全然没有觉察到异常情况,一如往常那样傲气十足地进得宫来。因为在他看来,年轻的康熙不会也不敢把他怎么样,根本没有想到自己很快就要成为阶下囚。

康熙待拿下鳌拜等人后,亲自向议政诸王宣布了鳌拜的有关罪行,最后以"贪聚贿赂,奸党日甚,上违君父重托,下则残害生民,种种恶迹难以数举",要求议政王大臣会议勘问。

以康亲王杰书为代表的议政诸王,原本就不满鳌拜的专横跋扈,现在见皇上已擒拿鳌拜并令其勘问议罪,所以很快就列出鳌拜欺君擅权、结党乱政等30款大罪,议将其革职立斩,其族人有官职及在护军者,均革退,各鞭一百后披甲当差。

处理意见上报康熙后，康熙又亲自鞫问鳌拜等人，后宣布：鳌拜从宽免死，仍行圈禁；遏必隆免重罪，削去一应爵位；畏鳌拜权势或希图幸进而依附鳌拜的满汉文武大臣均免察处。凡受鳌拜迫害致死、革职、降职者均平反昭雪，已故辅政大臣苏克萨哈等人的世职爵位予以世袭。因而此案的处理颇得人心。

议处鳌拜、废除辅政大臣体制后，重要的批红大权收归皇帝之手，康熙从此便坚持自己批阅奏折，"断不假手于人"，即使年老之后也是如此，从而防止了大臣擅权。康熙还从鳌拜事件中吸取教训，严禁怀挟私仇相互陷害。

康熙智除鳌拜，一方面除去了自己亲政的最大障碍，同时对其他权臣起了震慑作用。整个事件的处理非常周密、完满、妥帖，充分显示了青年康熙在政治上的成熟。

领导智慧

权威只能有一个，危害到权力本身的一切行径都要十分警惕，及早铲除。管理者面对的是团队，而团队和特权是天生矛盾的。

惩罚到位：稳、准、狠

在管理工作中，当管理者说论"奖"时，下属都会认为应该按规定严格执行。但论到"惩"时，意见分歧就比较大了。还有人认为按规定严格惩罚，不符合人性化，"法律无情人有情"等等。

身为管理者，不能只考虑员工愿意接受与否，而减弱惩罚力度。尤其是对那些工作不努力、绩效不佳、迟到早退及不守秩序的下属，要严格按照奖惩制度执行，该奖励的及时兑现，应当处罚的决不手软。

要做到惩罚到位，管理者要及时"打一巴掌"以示警醒，但"这一巴掌"一定要打得响，打得绝。管理者要做到合理运用批评达到处罚目的，还要掌握一些惩罚手段的技巧性。具体说，打这一巴掌要做到"稳、准、狠"。

1. 稳

"稳"是说领导采用强硬手段来惩罚犯错的下属。有时候处罚一个人，也是要冒风险的。如果被惩罚者有良好的人际关系，或者可能掌握着关键技术和信息，或者有着很硬的后台。如若惩罚不当可能会带来抵制和报复。

因此，拿这样的人开刀，就要对其背景多加考虑，慎重行事。要在动手之前首先想到后果，能够拿出应付一切情况发生的可行办法。

2. 准

"准"是说管理者在进行批评、惩罚时，要直接干脆，直指其弱点，直刺其痛处，争取一针见血。尤其是对总是犯同样错误的下属，屡教不改；或者代表一类人的错误，这时的惩罚一定要选准时机，待其犯错最典型、最明白、最有危害性时方采取行动。

但要切忌无事生非，不明事实；也切忌小题大做。这样才会让受罚人口服心服，也才会真正让众人引以为戒。

3. 狠

"狠"是说管理者一旦看准时机，下定决心，便要出手利落，坚决果断，毫不容情。切忌犹疑不定，反复无常，拖沓累赘。这样做，也是在向众人显示，我的做法是完全正确、适宜的，我对我的做法毫不后悔，充满信心，这是最好的选择。

因此，一些杰出的领导者总是一旦采取坚决措施，便变得冷酷无情。即使当他们不得不解雇某人时，也并不因强烈的内疚而变得犹豫不决。

科学的惩罚应该是"烫火炉"。"烫火炉"是很讲"政策"的，它只会烫被处罚者违规的那一部分，而不会烫其别处或烫全身，换句话说，管理者在惩罚犯了错误的员工时，不迁怒无辜，不搞株连。

我们所说的严格惩罚，抓住"稳、准、狠"，但要做到具体情况具体对待，处罚也有一个适度的问题，过度惩罚就是"迫害"，不但难以让人心服口服，甚至还会引起反抗，惹祸上身。

管理者在实施惩罚之前，可以先与员工讨论具体情况，确定没有误解事实之后再决定处罚方法，之所以惩罚下属的不足之处，目的在于让员工明白问题在于他不当的行为，而不在他本人；重点在于改变部属不良的行为，而不是羞辱他本人。因此，我们在处罚时要强调所期望的行为，这往往需要管理者发挥极大的自制力，不论你有多生气，你都不应乱发脾气。

领导智慧

错误的、不合时宜的惩罚会给团队带来灾难。惩罚一定要找准时机、看准对象，考虑清楚后果，而且要和员工所犯的错误相当，不能过轻或过重。

第四章
其身正，不令而行

先完善自己，管好自己才能带好队伍

在一个组织里，领导的员工能力素养和业务水平是衡量一个部门的指标。管理者要想带好队伍，必须先完善自己。只有不断提高自己的业务水平和能力，才能带领下属创造一个又一个奇迹。

每个人都有争强好胜之心，每个人都希望得到别人的肯定，都想得到更好的发展。但是，要想实现这个愿望并不是无条件的，关键是看你有没有能力，有没有真本领。业务技能精湛是做好本职工作的基本条件，也是适应竞争的需要。

王浩如今是一家建筑公司的副总经理。五六年前，他是作为一名送水工被建筑公司招聘进来的。在送水工作中，他并不像其他送水工那样，刚把水桶搬进来，就一面抱怨工资太少，一面躲起来吸烟。他每一次都给每位建筑工人的水壶倒满水，并利用工人们休息的时间，请求他们讲解有关建筑的各项知识。不久，这个勤奋好学、不满足现状的送水工就引起了建筑队长的注意。后来，他被提拔为计时员。

当上计时员的王浩依然尽心尽责地工作，他总是早上第一个来，晚上最后一个走。由于他勤学知识，对包括地基、垒砖、刷泥浆等在内的所有建筑工作都非常熟悉，当建筑队长不在时，一些工人总爱问他问题。

一次，建筑队长看到王浩把旧的红色法兰绒撕开套在日光灯上以解决施工时没有足够的红灯照明的难题后，便决定让他做自己的助理。就这样，王浩通过自己的勤奋努力抓住了一次次机会，仅仅用了五六年时间，便晋升为这家建筑公司的副总经理。

王浩晋升为公司的副总经理后，依然坚持自己勤奋工作的一贯作风。他常常在工作中鼓励大家学习和运用新知识、新技术，还常常自拟计划，自画草图，向大家提出各种好的建议。

对于一名管理者来说，不仅要从业务知识方面提升自己，更要注意自身的个人修养，因为你的行为举止都可能被下属效仿。如果你希望自己的员工是什么样的，就要先完善自身，这样员工自然会跟着你走。

王浩的成功告诉我们，管理者自己严于律己、勤奋好学，不断提升自身的专业技能，才能够实现自身和企业发展常青的愿望。

在今天这个充满机遇和挑战的社会里，作为一名管理者，必须要求自己付出比其他人更多的勤奋和努力，积极进取、奋发向上，才能在复杂多变的工作环境中，带出一支优秀的团队。因此，不管我们现在从事什么样的职业，都应该在自己的岗位上刻苦钻研，努力让自己成为高素质的领导者。

领导智慧

"我们要勤奋工作！"这是古罗马大帝留下的遗言。勤奋是通往荣誉圣殿的必由之路，也是每一位管理者征服下属的秘诀所在。

找出自身独特的"卖点"，做自己的"品牌经理"

我们经常看到，推销人员在说服顾客购买产品时，总是滔滔不绝地列举一大堆的产品优点，也即是吸引我们的产品"卖点"。我们每个人也一样，都有优点与特长，这就等同于产品销售时的"卖点"一样。

管理者应该根据自身的特征，从自己的优势出发，打造出个人品牌。有一个关于成功的寓言故事一直在各大公司之间广泛流传。这个寓言故事讲的是：

为了和人类一样聪明，森林里的动物们开办了一所学校。开学第一天，来了许多动物，有小鸡、小鸭、小鸟，还有小兔子、小山羊、小松鼠。学校为它们开设了 5 门课程：唱歌、跳舞、跑步、爬山和游泳。

当老师宣布今天上跑步课时，小兔子兴奋地一下在体育场跑了一个来回，并自豪地说："我能做好我天生就喜欢做的事！"而再看看其他小动物，有撅着嘴的，有拉着脸的。放学后，小兔子回到家对妈妈说："这个学校真棒！我太喜欢了。"

第二天一大早，小兔子蹦蹦跳跳来到学校。老师宣布，今天上游泳课，小鸭子兴奋地一下跳进了水里。天生害怕水的小兔子傻眼了，其他小动物更没了招。接下来，第三天是唱歌课，第四天是爬山课……以后发生的事情，便可以猜到了，学校里每一天的课程，小动物们总有喜欢的和不喜欢的。

这个寓言故事寓意深远，它诠释了一个通俗的哲理，那就是"不能让猪去唱歌，让兔子学游泳"。要成功，小兔子就应跑步，小鸭子就该游泳，小松鼠就得爬树。不管从事何种职业的人，都必须充分认识、挖掘自己的潜能，确定最适合自己的发展方向；否则就有可能虚度光阴，埋没才能。

人生中，每个人都具有独特的、与众不同的才能和心智，也总存在着一些更适合于他做的事业。在竭尽全力拼搏之后却仍旧不能如愿以偿时，我们应该这样想："上天告诉我，你转入另外一条发展道路上，一定能取得成功。"因为种种原因而不得不改变自己的发展方向时，也应告诉自己："原来是这样，自己一直认为这是很适合于自己的事，不过，一定还有比这个更适合自己的事。"应该认为另外一条新的道路已展现在你眼前了。

领导智慧

歌德说过："你适合站在哪里，你就应该去站在哪里。"如果我们用心去观察那些成功者，会发现他们都有一个共同的特征：不论才智高低与否，也不论他们从事哪一种行业，担任何种职务，他们都在做自己最擅长的事。

管出"雷锋"，自己先当"雷锋"

美国西点军校是全球最著名的军事院校，被誉为将军和总统的摇篮。它不仅培养出了麦克阿瑟、艾森豪威尔、巴顿、格兰特等著名将军，据统计该校还"意外"地培养了在世界500强企业中先后任职的1000多位董事长、2000多位副董事长和5000多位总经理。

由此来看，西点军校培养出来的学生具有强大的领导力，主要得益于西点军校对于领导力的与众不同的观念。

西点军校的管理理念认为：领导力不是法定权力，而是一种任何法定权力都无法比拟的强大的影响力和号召力。一个管理者的言行举止、做事风格势必影响下属的工作行为和价值追求。领导者在下属面前塑造出良好的形象、树立威信，产生强烈的凝聚力和感召力，从而激发出员工的敬佩感、信赖感和服从感。这样，领导者才会成为下属仿效的楷模和崇拜的对象。

《论语》在强调领导者的榜样作用时说"其身正，不令而行；其身不正，虽令不从"，意思是说，只要自己的行为端正，就算不下任何命令，部下也会遵从执行；如果自己的行为不端正，那么无论制定什么政策规章，部下也不会遵从执行。

玫琳·凯是当今世界上著名的女企业家，她非常重视管理者在员工中的榜样作用。她说："管理者的行为受到其工作部门员工的关注。下属往往模仿部门负责人的工作习惯和行为，而不管其工作习惯和行为的好坏。例如，我习惯在下班前把办公桌清理一下，把没干完的工作装进包里带回家，坚持当天的事当天做完。尽管我从未要求过我的助手和秘书也这样做，但是她们现在每天下班时，也常提着包回家。假如一个经理经常迟到，工作散漫松懈，上班期间打私人电话，经常因喝咖啡而中断工作，那么他的部下大概也会如法炮制。"

领导者只有带好头、树好榜样，才能赢得下属的信任与追随，这是任何法定权力都无法比拟的一种强大的影响力和号召力。管理者职位越高，就越应重视给人留下好的印象，因为你总是处于众目睽睽之下。如果领导者期望带出"雷锋"式员工，那么你首先要当一个"雷锋"式的领导。也许过不了多久，你的部下就会照着你的样子去做。

正人先正己，做事先做人，管理之道正是如此，因此，领导者无论职务多高、权力多大、资历多深，都应该要求别人做到的自己先做到，这样才能树立起威望，增强执行力，提高管理效率。

领导智慧

正人先正己，这是自古以来为政、为将、为教者的准则及其号召力之所在。因为领导者的一言一行，时时处处都处于下属的关注之下，领导者只有时时刻刻、处处为下属带好头、树好样，做到严于律己，率先垂范，这样才有威信，才能赢得下属的信任，这是做一个领导最起码的前提。

会吃亏的领导最能占便宜

现实中，有些管理者一遇到问题就斤斤计较，这是你的事，那是他的事，自己一点亏都不能吃；而当所有员工共同努力取得成果时，管理者在老板面前，却对别人的付出只字不提，俨然所有功劳都是在他一个人的正确领导下取得的。这样的领导，凭什么让下属死心塌地追随你，又凭什么让老板心悦诚服地信任你？

一个人的位置越高，意味着付出越多，就必须具有吃亏的精神。如果你只是一名普通的员工，只要做好自己的本职工作就够了。管理者就不一样，上司会把压力转加给你，自己的工作你要顶上，下属的困难与麻烦同样也会找你解决。

如果你做了管理者，就别怕吃亏。因为管理者是连接老板与下属的桥梁。这个角色决定了管理者需要在老板和下属之间寻求一种平衡，要让老板放心，也要让下属舒心。那么中间那些窝心的事儿，就需要管理者具体要求吃亏的精神来承担了。

因此，管理者需要有一种高尚的"思想境界"，要多替公司和下属着想，少为一己之私利着想。当部门利益与公司利益有冲突时，我们需要优先考虑公司的利益；当兄弟部门有困难时，我们需要主动地予以支持，因为"助人实际上就是助己"；当个人利益与下属利益有冲突时，我们需要优先考虑下属的利益。

管理者既然要承担责任，就必须遵循"宽以待人，严以律己"的原则。工作中，尊敬自己的上司，宽容我们的下属。最关键是需要我们对自己要求严格，多讲奉献，少讲回报，给你的回报是老板和下属的信任。

作为管理者，我们除了"经济收入"外，还具有综合能力的培养机会、人脉关系的建立机会等，而这些往往是我们获得更高"经济收入"的基础和保障。因此从这方面来讲，勇于吃亏的领导者才是"明智"的管理者，这样我们也将有很大的"额外"收益。

领导智慧

管理者就是一把遮阳遮雨的伞，需要为下属营造一个发挥最大效能的环境，上面的一切压力当然要由管理者来承受。只有"与人方便"才能与己方便，"吃亏"是事业成功的一种捷径，是人生的一种境界。能理解吃亏就是占便宜，是领导者为人处世的一种睿智。

一定要身先士卒

有一个动物园的管理人员做了这样一个实验：工作人员穿上狮子皮伪装成狮子，进攻黑猩猩群。开始时，黑猩猩群觉得恐惧，不停地发出哀号。猩猩首领也很怕狮子，它看着对面随时准备进攻的"狮子"，又看看身后这些望着自己的猩猩们，一会儿，这位首领拾起身边的树枝，做出勇敢地向狮子挑战的样子。

尽管猩猩首领也很恐惧，但它却没有逃跑，而是勇敢地率先向狮子挑战。因为它深知在危难之际，自己的责任。此刻如果它选择临阵脱逃，一定会被同伴鄙视，再也不能做大家的首领了。

企业中的领导者也是如此。在竞争愈来愈激烈的今天，企业随时随地都会面临各种困难。当面临困境时，领导者能够率先垂范面对难关，这样的精神就会影响部下，让大家都能够勇敢地面对挑战。

在现实生活中，有些管理者平常说话豪爽，看似很有担当意识，一旦面临危机时，狼狈不堪的样子会在危急时刻所采取的行动中表露无遗。部下若是看见自己的上司，在紧要关头却表现出不知所措的模样，一定会让他们觉得非常失望。

下属期待的领导者，是在非常时期能够表现得与众不同，且能够断然地做出决定，迅速敏捷地采取行动的领导者。而一个企业管理者更应该以身作则，用自己的实际行动来带动下属。只有这样的领导者，才能强有力地领导部下。

例如，企业提倡5S的工作环境，地面上有一张纸，领导者看也不看，大踏步地走了过去，后面的人也会跟着走过去。如果你弯腰捡起来，看到你捡纸的人，以后再看到地面上有废纸，就有可能捡起来。所以领导者就要当捡纸的第一人。

在下属面前，管理者一定要身先士卒。例如，当一个部门工作比较紧张的时候，职员在加班，部门经理最好陪着员工加班。即便你不参与工作，也可以在职员遇到困难时，及时给予帮助。如果下属都在紧张地忙碌着，经理却准时下班了，试问加班的员工还有多少积极性呢？

因此，作为领导者，要使员工们信服并且满怀工作热情，最重要的是应身先士卒，自己带头做出表率。

领导智慧

优秀的领导者要具备无论何时何事都有一马当先、力挽狂澜的胆识和谋略，否则，人上人的位置就难坐了。

适当时候要"御驾亲征"

在封建社会，当国家发生外寇入侵等大事时，有时皇帝会亲自率军御敌，这种行为被称为"御驾亲征"。在现代企业管理中，管理者要树立自己在员工中的威信，在适当的时机，也不妨"亲自上阵"一次，该出手时就出手。东芝公司董事长士光敏夫"亲征"的事情，就给员工们带来了巨大的震撼。

一次，东芝公司的董事长士光敏夫听业务员反映，有一笔生意难度较大，多次登门拜访都见不到人，买方的课长经常外出。士光敏夫听了情况后说："请不要泄气，待我上门试试。"

业务员听到董事长要"亲自上阵"，心里忐忑不安，他想：是不是董事长不相信自己的真实反映；万一董事长亲自上门又碰不上那个课长，岂不是很没面子！于是急忙劝说："董事长，不必您亲自为这些小事操心，我多跑几趟总会碰上那位课长的。"

第二天，士光敏夫真的来到那位课长的办公室，仍没见到课长。他没有因此而告辞，而是坐在那里等候，等了半天，那位课长回来了。当他看了士光敏夫的名片后，慌忙说："对不起，对不起，让您久候了。"士光敏夫却微笑着说："贵公司生意兴隆，我应该等候。"

那位课长明知自己企业的交易额不算多，而堂堂的东芝公司董事长亲自上门进行洽谈，觉得很是赏光，故很快就谈成了这笔交易。最后，这位课长热情地握着士光敏夫的手说："本公司以后，一定买东芝的产品，但唯一的条件是董事长不必亲自来。"

士光敏夫"亲征"不仅做成了生意，而且在全体员工面前做了一个亲力亲为的榜样，提升了作为管理者的形象，从而树立了自己的威信。某些场合，管理者不能只负责业务管理，而叫下属从事实际工作。纵使身为主任、股长或是科长，有时也要亲自操作实际工作。

有些管理者似乎没有认清自己的立场与任务，只会在口头上堆砌一堆大道理，却从来不肯在行动上率先示范。他们理直气壮地坐在自己的座位上专心从事管理工作。这样的管理者注定要付出与员工日渐疏远的代价。

事实上，只会指挥下属工作的管理者，根本不可能率先示范给下属看。在某些时候或某些场合，管理者必须要亲自行动。也就是说，上司在某些情况下也要从事第一线的工作。管理者不但要指导下属、管理下属的行动，有时候更要站在下属的前头，以一副"看好，要按照我示范的方法做"的态度率先示范。

另外，只会实际工作的管理者，同样也不能指挥下属。唯有伏案工作与实际工作双管齐下、平均分配，才是最佳的行动模范。

领导智慧

特定时候，管理阶层的亲身行动，比对下属动百万次嘴皮子更有用。不仅更加奠定身为领导者的能力和威信，还起到了模范表率作用。

做任何事情都要用心

作为一个管理者，应该时刻注意你的工作态度和行为举止，要知道你在工作中的一切言行，下属都在关注着。领导的言行举止，不管大小都具有很强的导向作用，是下属关注的中心和模仿的样板。

如果说"认真做事"是一种态度的话，那么"用心做事"就是一种品质。有时一个不经意的细节，往往能够反映出一个人的深层修养。国外某企业在招聘管理人员时，就巧妙地设计了下面的场景：

一家大企业招聘高级管理人员，很多的应聘者都较为自信地回答了考官的问题，得到的结果都是等通知，没有当场录用的。就在招聘临近结束时，一个年轻的小伙子走在最后，看到面试室门口处有一个纸团，他弯下腰把纸团捡起，准备扔到垃圾桶里。这时，其中一个面试官对他微微一笑说："年轻人，请打开纸团看一看。"小伙子打开手中的纸团，上面写着一行字"欢迎你加入我们公司任职"。

这位年轻人之所以被当场录用，就在于他捡起纸团这一细微动作，体现了比别的面试者更用心的做事态度，因此也赢得了面试官的青睐。迪士尼乐园有一句名言："每一天上班都是一场表演。"这句话的言外之意是：当你做事的时候要非常用心，因为有人在看你。

有些人总是抱怨没有施展才能的机会，其实你并不是真的没有机会，而是别人在看你的时候，你表现得很糟糕。如果抱着类似"无所谓，反正老板不在"的念头，你就错了。做任何事情，都要假设有人在看你，监督自己，谨言慎行，这样遇到机会才不会错过。

如果你是一个邮递员，每天送信都有很多人在看你；如果你是银行职员，每天柜台前都有很多人在看你；如果你是一个护士，每天医院里都有很多人在看你；如果你是一个交通警察，每天路面上都有很多人在看你……不管你做什么工作，只要有一个人发现你或者提拔你，你的命运就完全不一样了。从这个角度来说，只有用心做事，才能改变自己不满的现状甚至是命运。

严长寿是在台湾长大的浙江杭州人，被称为"台湾饭店业教父"。他并没有任何家族背景，只有中学学历，曾经是美国运通台湾公司送公文的小弟，后升任台湾地区的总经理，最后在 32 岁时，就成为亚都饭店的总裁。

严长寿能够在那么年轻的时候就获得成功，就是因为他做事非常积极，也就是说，他每做一件事都用心地把它做好，做每一件事都假设有人在看他。这样，他做事会更用心。

认真做事，才能把事做对；用心做事，才能把事做好。一个用心做事的人才是有潜力的人，他会全身心地投入到工作之中，全力以赴地对待自己的工作。也只有这样，才能做好一个管理者，带出优秀的下属，齐心协力地把工作做好。

希望我们都能把"用心做事"当成品质一样来培养，当作品牌一样来呵护，当成习惯一样来坚持。

领导智慧

用心做事，可能体现的是一种精神，也许是一种良好的习惯。

要想成为一个卓越的领导者，我们就要把"用心做事"当成一种品质来培养。

管理是一种让员工自愿跟从的能力

有些管理者滥用权力压制员工，漠视员工甚至越权指挥等，结果不但自己很累，更严重的是，员工流失率不断上升，甚至用心"培养"起来的员工也毫不犹豫地离开。结果致使员工得不到成长，自己得不到提升，团队拿不出业绩。

其实，管理不是独裁，从事管理工作应尊重人权，重视个体，友善地询问和关切地聆听员工的想法。伊索寓言中有一个小故事，意在讽刺一部分盛气凌人的管理者，依靠权力打压员工的工作热情。

一只山羊爬上一农户的高屋顶，这时有一只狼从下面经过，山羊以为自己居高位，野狼莫奈他何，便洋洋得意地开口骂道："你这个傻瓜，笨狼。"狼于是停了下来，说："你这胆小鬼，骂我的并非是你，而是你现在所站的位置。"

一个优秀的管理者应具备三种力：权力、实力与影响力，但此三力孰轻孰重？很多管理者会自然而然地将权力摆在最重要的位置上，以为管理就是管人，而管人就需要运用权力，至于实力和影响力，则并不是最重要的。事实上，权力在管理下属方面并不是万能的。

真正智慧的领导者懂得运用自身的人格魅力来领导下属。他们极少生硬地动用权力去"镇压"或"指挥"下属，而是通过自身的言行态度，创造出一个和谐的氛围，让下属在这个氛围中感受到被尊重，因而更愿意为其卖命。

生活中的每一个人，心理上更倾向于跟从佩服其人格魅力或深受感动的领导，并对其价值认可和重视，这时，如果管理者通过其自身的影响力，让员工从内心自愿产生忠心跟从的心理，更能激发他们潜在的才能和工作热情。

因此，作为一名领导，你必须懂得如何加强人的信心，切不可动不动就打击部属的积极性。应极力避免用"你不行、你不会、你不知道、也许"这些字眼，而要经常对你的下属说"你行、你一定会、你一定要、你会和你知道"。

领导者在管理中要学会运用个人影响力，真心地尊重和关爱下属，以人为本，推行严格中不失人情味的管理方式，使下属随时感受到公司传递的温暖，从而去掉包袱，激发工作的最大积极性。

在中国这样一个历来重视情义的国度，若想让别人为你效命，只需对他付出关怀，让他感激你就是了。很多管理者为了管理下属，想尽了各种办法，却忘记了这个最简单实用的道理。

领导智慧

法国作家拉封丹写过一则寓言：北风和南风比威力，看谁能把行人身上的大衣脱掉。北风猛烈吹起寒风，凛冽刺骨，结果行人都把大衣裹得紧紧的；南风则徐徐吹拂，带来风和日丽之感，于是人们纷纷解开纽扣，脱掉大衣，因而南风获得了胜利。这则寓言形象地说明一个道理：温暖胜于严寒。

不懂不是错，不懂装懂才是错

《论语》中说："知之为知之，不知为不知，是知也。"这句话意在强调做学问时，应当具备诚实的态度，知道的就是知道，对不知道的东西，我们不仅应当老实地承认"不知道"，而且要敢于说"不知道"。对企业管理者来说，也是一样的道理。

　　无论你是一名位居高职的领导还是普普通通的员工，遇到困难，解决不了不是你的错，只要你有一种积极学习的心态，你将很快成长起来。但如果你不懂装懂，才会真正让人瞧不起。华为公司在招聘员工时尤其注重其学习能力。

　　华为公司每当在招聘结束后，任正非在新员工进企业第一天的大会上，就会告诉大家，文凭只代表你的过去，进了企业后，文凭就失效了，大家都站在同一条起跑线上，关键是看你后面的学习能力、成长能力。

　　在这个科技高速发展的社会，尤其是现代企业管理，企业老板越来越看重员工的学习能力、成长能力。甚至有知名企业老总在谈及用人时这样说："学历不重要，学习的能力才重要。"

　　无论你知识如何丰富，学识怎么渊博，在工作中也不可避免地会出现某一方面的"短板"。我们常说第一次失败是悲剧，第二次失败就是笑话了。失败不要紧，做错事也不要紧，关键是你要能从失败和错误中吸取教训，取得进步，那就是一个聪明人。

　　这就要求你要有很好的学习能力，才能够获得各种你需要的能力，取得进步。不懂不要紧，只要你肯于学习，善于学习，你就能由不懂到懂。不懂不是错，不懂装懂就有错；不懂不表示你愚蠢，不懂还自以为是，不肯学习，那就是愚蠢。

　　可是在实际工作中，有些领导遇到问题，因为顾忌自己的面子，就是喜欢不懂装懂瞎指挥，结果不仅产生不良的后果，还闹出笑话。这样一来，在员工面前不仅没有挽回威严，反而失去了威信。

　　不懂装懂，是一种心虚的表现，是一种基于自卑心理的盲目自尊。"一桶不响，半桶晃荡。"作为一名管理者，要敢于承认自己的不懂，有时虚心地向同事与下属学习，这不仅不会被员工看不起，反而会因为你的诚实赢得大家的信任，同时也体现了你虚怀若谷的胸怀。

领导智慧

不懂装懂，是一种心虚的表现，"一桶不响，半桶晃荡"是一种基于自卑心理的盲目自尊。倒是那些满腹经纶的人，更敢于承认自己的不懂，因而愈是懂得多的人愈是虚怀若谷。

"不言之教"：以身作则方能赢得拥戴

《道德经》有这样一句话："圣人处无为之事，行不言之教。"意思是说，圣人做事，不以语言说教，而是身体力行，他们的这种无为行为还会在潜移默化中感染周围其他的人。在管理工作中，领导者不能总以自己的观点处事，而是要用以身作则的行为来赢得下属的信任和拥戴。

在企业中，管理者最大的职责自然是要管人，但从人的内心分析，人们永远喜欢管人，而不喜欢被管，这是每一个人的本性。但是，当人们从心底佩服某个人时，自然不会抵触这个人对他的管理，而会主动服从。

因此，有些领导总是习惯于向外寻找方式，制定种种的制度和规则，以此来达到约束人的目的。而聪明的管理者却能够从自身寻找办法，正人先正己，"行不言之教"，让员工心甘情愿地服从。

1942 年，二战进行得如火如荼。盟军与德军即将在北非展开决战。盟军将领巴顿将军意识到自己的部队可能无法适应北非酷热的天气，一旦开战，盟军士兵的战斗力很可能因酷热的天气而减弱。

为了让部队尽早适应战场变化，巴顿建立了一个类似北非沙漠环境的训练基地，让士兵们在 48 摄氏度的环境下每天跑一英里，而且只给他们配备一壶水。巴顿的训练演说词就是："战争就是杀人，你们必须杀死敌人，否则他们就会杀死你们！如果你们在平时流出一品脱的汗水，那么战时你们就会少流一加仑的鲜血。"

虽然人人都意识到战争的残酷性，但严格的训练还是让许多士兵暗地里抱怨不已。巴顿从不为训练解释，他以身作则，和士兵们一样在酷热的环境中坚持训练。当士兵们看到巴顿每次都毫不犹豫地钻进闷罐头一样的坦克车中时，再多的怨言也只能变成服从。

巴顿作为美军历史上最善战的装甲部队指挥官，如此能打仗的原因就在于：巴顿作为统帅人物，他用自己的个性成功地影响了整个部队。尽管部属们有时恨他，但仍然能够仿效他的言行，像他那样思索和战斗。

如果一个企业想要发展、壮大，乃至腾飞，企业的领导者也必须学会在管理工作中向内看，从自己做起。不能只依赖权力来指挥下属，不言之教才是指挥的高级阶段。

要管理好下属，一部分靠权，以权管理，名正言顺，这属于"硬件"，而另一部分就得靠己，这属于"软件"。一个领导者只有正人之前先修己，才能上行下效，使大家心甘情愿地听其指挥。管理者要以身作则，做出表率，才能最大限度地取信于员工。只有营造人人平等、公平至上的氛围，才能形成由上至下凝聚一心的无敌战斗力。

领导智慧

"不言之教"是中国许多习惯于发号施令的企业家应该着重培养的能力和意识。管理者要想赢得下属的拥戴，不是靠手中的权力进行强制，而是靠领导者自身的模范带头作用，艰苦实干的作风，这是一种威望之力，也是一种最神圣的指挥。

解决问题，最简单的方法就是"带头往下跳"

管理者要充分发挥个人魅力的领导细节，激发团队的斗志，最简单的方法就是"带头往下跳"，自己不率先显现出一种气魄，又怎能去感染人？只有以身作则，显现出与常人不同的气质，用个人的魅力去感染人，达到一种"无声胜有声"的理解和交流，这比任何命令都来得有效！

单靠权力来带人，只会喊口号的管理者是最下等的领导，如果没有一点带头往前冲的魄力，很难得到员工真心的追随。最高明的领导则是身先士卒，通过自身散发出达到愿望与目标的热情。史瓦兹·柯夫将军说："下令要部下上战场算不得英雄，身先士卒上战场才是英雄好汉。"

在战场上，最能鼓舞士气的莫过于将领身先士卒，带头冲锋陷阵。而在管理中，也是同样的道理。最有效的下达指令一定是"带头往下跳"的行为影响力，也就是真正领导的魅力。

在遇到问题时，要想尽快解决困难，最简单有效的方法就是，领导要"带头往下跳"。身先士卒比站着指挥更有效，"带头往下跳"是一种行为影响力，更是能说服和影响下属的执行力和行动力。

管理工作中，领导与下属之间，就是发出指令和执行的关系。好的管理者一定会对下属产生一种吸引力，下属会自觉地跟着你奋斗，这是领导者以身作则的力量，产生了影响员工行为的魅力，从而发出一种无声的命令。

领导智慧

如果领导者想激励员工们取得预期的战果，管理者则应当身先士卒，以身作则，做出他们要求士兵所做出的牺牲。以身作则的效果完全是通过行动而非言辞取得的。

成功的领导不做领袖做榜样

一个管理者只要端正了自身，做到以"理"服人而不是以"权"来压人，管理的工作就容易多了。《论语》中说："苟正其身矣，于从政乎何有？不能正其身，如正人何！"孔子认为管理者必须自身修正，如果自身不修正，只靠领导的权威，下属也是很难服从的。

但在实际工作中，很多管理者为了达到管人的目的，总是费尽心机制定出若干规章制度，要求员工去遵守，却把自己排除在这些制度之外。如果领导者能够率先示范，能以身作则地努力工作，严格遵守自己制定的各种规章制度，那么这种以身作则的精神就会感染其下属，从而在团队里形成一种积极向上的态度和良好的工作氛围。东芝之所以成为世界著名的企业，其主要原因就在于士光敏夫。

东芝公司董事长士光敏夫认为，领导不应只做企业领袖，更要处处为员工树立榜样的作用，以身作则不仅能为公司带来巨大的经济效益，而且还是企业培养敬业精神的有效手段。士光敏夫正是这样严格管理自己的，他几十年如一日，每天第一个走进办公室，从未请过假，从未迟到过。他这种以身作则的行为深深感染着东芝公司的所有员工，也像董事长一样严格要求自己。

领导的行为对下属产生着巨大的激励作用，正如俗话所说的，"强将手下无弱兵"。领导的表率作用永远是激励员工最有效的方法。

电视剧《亮剑》深受广大观众的欢迎。剧中主人公八路军团长李云龙每次冲锋陷阵都在最前面，指战员们很担心他的安危而责怪他。李云龙却说："如果我不带头冲锋在前，那么战士们怎么会毫不犹豫地奋勇作战呢？"李云龙正是以这种以身作则的激情去影响着每一个战士。

管理者能身先士卒，以积极正确的示范作导向，就可以调动员工的积极性，激发他们努力向上的干劲；相反，如果管理者持一种消极、观望的态度，自己不率先示范，只是督促员工的工作，势必削减员工的工作热情，使员工对领导的行为产生抵触情绪，进而对企业的发展前途失去信心。

很多管理者对下属的工作状态不满，每日为下属的状态发愁。与其天天为员工消极状态而愁眉不展，倒不如自己拿出激情，身先士卒一心一意地工作。只要自己尽全力专注地工作，带头遵守相应的规章制度，做好团队的榜样，那么，管理者必能感动下属，将工作的热情传递给下属，使他们积极地工作。

领导智慧

优秀管理者不会时刻盯着下属，而是加强员工的自我管理。但要加强员工的自我管理首先要做好管理者的自我管理，成为下属的榜样，用自身行动去说服员工，而不是"照你说的那样去做"，让员工自觉主动地"照你做的那样去做"。

非权力影响力激发最佳管理效能

影响力是一个人在与他人交往的过程中，影响与改变他人心理与行为的能力，权力性影响力和非权力性影响力共同构成管理者的影响力。管理者合理地运用非权力性影响力，可以进一步提高管理效能。

子曰："以约失之者鲜矣。"孔子认为只有严于律己，才能少犯错误。同样，作为管理者无论是在工作还是生活中都要时刻约束自己，谨言慎行，不放纵，不浮泛，这样做就可以少犯错误甚至不犯错误了。

国外某企业家认为，如果想知道一家企业的员工整体素质如何，只需要了解其中的管理人员素质就可以知道他的员工的素质是怎么样的。这话的确在理，每个管理者都是所有下属关注的焦点，也是员工积极模仿的对象，管理者产生什么样的行为、举动，都会直接影响到自己的员工。所以，假如你想你的员工严格要求自己，你就必须先严格要求你自己。

那么管理者在工作和生活中如何才能提高自己的非权力性影响力，来实施有效管理呢？

1. 努力培养高尚的人格情操

"人以品为重，官以德立身"。管理者的非权力影响力既体现于真理的力量，也体现于人格的力量。一个人素质能力上有差距可以提高，但品质差距却是难以原谅的。人格品行不是建立在职位、权力基础之上的，而是在高尚的境界中产生的。管理者为人是否正直，为官是否正派，处事是否公道，是思想政治品德和能力的外在表现，也是塑造自我形象、树立非权力性影响力的关键。

2. 具备宽阔的处事胸怀

宽阔的胸怀是产生向心力、凝聚力、感召力的人格力量，是管理者必备的素质。作为一个管理者，在处事时要具备坦诚相见的胸怀。对管理团队成员要胸怀坦荡，以诚待人，不怀疑、不嫉妒、不欺骗；对下级不虚伪、不偏私、不欺骗，做到言而有信、言行一致。在重大问题决策上，要充分发扬民主，集中集体智慧，不搞独断专行。

3. 树立严格的自律意识

一个管理者威信的高低，并不仅仅取决于权力的大小，更多地要取决于他在权力运用中表现出的品格。管理者一定要严于律己，做好表率。

严于律己是律人的前提，只有做到自我管理才能要求下属去执行。优秀管理者应该严格要求自己，起到为人表率的作用，用实际

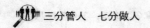

行动来影响和带动身边的人一道去努力工作。

领导智慧

要做一个优秀的管理者，关键是通过非权力影响力使员工进行自我约束。管理者要想获得非权力影响力，严于律己显然是一条最为重要的途径。

绝不可严于律人，宽以待己

有些管理者习惯以权威约束员工的行为，而自己却游离于这些约定之外，当然在员工心中很难树立威信，更谈不上做好对员工的有效管理。其主要根源，就在于管理者严于律人，宽以待己，缺乏榜样意识。

要成为一个好的管理者，首先要管好自己，为员工们树立一个良好的榜样。言教再多也不如身教有效。行为有时比语言更重要，领导的力量很多往往不是由语言，而是由行为动作体现出来的，聪明的领导者尤其如此。格力电器总经理董明珠就是个严格要求自己的人。

董明珠上任前，格力公司迟到早退、喝茶看报、吃零食聊天等情况屡见不鲜。而董明珠一上任，就狠抓内勤，把一些老员工都训得直掉眼泪。经营部女性多，公司对她们的服装、头发和走路姿势都做了明确的要求，要求大家最好剪短发，留长发的上班要盘起来，更不准带着一大堆饰品来上班。董明珠始终认为，没有严格的制度，就无法产生强大的战斗力，果然，不久之后的经营部焕发出全新的工作作风。

一天，一个不是格力的经销商托董明珠的哥哥想从格力拿货，承诺如果事情办成，会给 2% 的提成，这是一个不小的数目，他哥哥答应了。董明珠接到哥哥的电话后犹豫了，对身为部长的她，帮哥哥这个忙很容易，只是一句话的问题，而且没有违背公司的制度。

但是董明珠转念一想：如果为亲人谋利益就会伤害到其他经销商的利益，公平性就会出现偏差，如果这股风气蔓延的话，格力这个品牌就会受到玷污。最后她拒绝了哥哥的请求。

董明珠的拒绝伤了哥哥的心，他不再和妹妹来往，但是董明珠认为这样做是值得的："我把哥哥拒之门外，虽然得罪了他，但我没有得罪经销商。"

正是董明珠进行了一系列毫不妥协的"斗争"，对格力电器进行了一场"刮骨疗毒"式的治疗，使格力摆脱了停滞不前的状态，管理逐渐走向了规范。以至于后来，格力电器成为空调行业的世界冠军。

作为一个有成效的管理者，必须成为员工的角色榜样。管理者要在每天的言行中切实按自己所提倡的那样做，在员工们面前树立一个有成效的、负责的形象，以实际的行动来引领团队的进步。

领导者不仅要严格要求自己，为员工树榜样，还要带头把一些优秀人士当作榜样，号召大家学习。切忌管理者只号召别人学，自己却不学，甚至借着"树榜样"往自己脸上贴金。这样既是对榜样的不尊重，也会使员工失去学习热情,树了榜样也起不到应有的作用。

领导智慧

领导要树立榜样意识，最有效的方法就是严于律己，宽以待人，因为最具有影响力的榜样就是管理者本人。

身教胜过千言万语

领导者在管理工作中要注重身教。俗话说："喊破嗓子，不如做出个样子。"聪明的管理者会通过严于律己的行为，来为下属做楷模。这种先进效应胜过"千言万语"。IBM的创始人托马斯·约翰·沃森曾对公司的管理层说："千言万语不如一个行动，管理最直接有效的方法，就是带着员工去做。"

1895年10月的一天，托马斯来到美国现金出纳机公司办事，遇到了该公司的约翰·兰奇先生，他向约翰·兰奇先生表示："我……我希望能当一名推销员。"约翰先生爽快地答应了。

两个星期过去了，托马斯走街串巷，一台出纳机也没卖出去。他再一次来到约翰的办公室，希望能得到这位前辈的指导时，约翰竟然破口大骂，"我早就看出你不是干推销的那块料。瞧你一副呆头呆脑的样子，还不赶快给我从办公室里滚出去！你呀，老老实实地回家种地去吧。"

托马斯听了这番话，真是无地自容。但他没有离开，只是默默地站在那里……过了一会儿，约翰放缓语气说："记住，推销不是一件轻松容易的事。如果零售商都愿意要出纳机，他们就会主动购买，用不着让推销员去费劲了。推销是一门学问，而且学问很深。这样吧，改天我和你走一趟。如果我们俩一台出纳机都不能卖出去，你和我都回家吧！"

过了几天，约翰带着托马斯上路了。托马斯非常珍惜这个宝贵的机会。他认真地观察这个老推销员的一举一动。在一个顾客那里，约翰·兰奇静静地说："买一台出纳机可以防止现金丢失，还能帮助老板有条理地保管记录，这不是很好吗？再有，这出纳机每收一笔款子，就会发出非常好听的铃声，让人心情非常愉快……"

托马斯睁大眼睛看着一笔生意就这样谈成了。后来，托马斯理解了约翰·兰奇那天之所以对他粗暴，是因为那是对推销员的一种训练方式——他先是将人的脸面彻底撕碎，然后告诉你应该怎样去做，以此来激发人的热忱和决心，调动人的全部潜能和智慧。

托马斯从约翰·兰奇那里学到了容忍的精神和积极处世的原则。1913年，他被人诬陷而离开公司。那一年他已经39岁，但他决定东山再起，公司成立后经营并不顺利，最初的几年，公司是靠着大量借贷才熬了过来。但他还是靠着坚韧的意志坚持了下来，并成就了真正具有全球地位的IBM公司。

IBM创始人托马斯·约翰·沃森告诉我们：管理者一定要用自己的态度和行动来作为新进员工的榜样，不能仅凭嘴说，并且经常强调有顾客才有大家的观念。当作给新人看了之后，最好让员工自己对工作做主，演示一遍，让他自己进行改进，以获得一种成就感。其实在某些时刻身教胜过千言万语。

领导智慧

身教胜过言传，领导者更要以身服人。这就要求领导者不仅要具备良好的个人素养，更应用自己的切身行动去服人、正人，赢得下属的心，以实际行动去影响人、激励人。

管理有成效，要做领跑的狮子

在一场比赛中，一群狮子轻松地打败了一群羊，羊群很不服气，认为是领导的问题，于是它们各自交换了首领，变成由一只狮子带领一群羊和一只羊带领一群狮子进行比赛。羊带的狮群开始准备与狮子带的羊群战斗，当羊王来到狮群时，所有的狮子都不服气，自然羊王也没有办法发号施令。而狮王带领羊群的情况就完全不同，羊群很尊敬狮子，也都听从狮子的安排，训练进行得很好。新的比赛开始了，羊王带领的狮群被狮子带领的训练有素的羊群打败了。

一只狮子领着一群羊，胜过一只羊领着一群狮子，这个寓言故事说明了领导者的重要性。一个企业的成败虽然离不开团队力量，但更多还是取决于领导者本人。领导者是企业的一面精神旗帜，他们的一言一行都影响着企业的荣辱兴衰。因此，我们每位管理者扮演的角色必须是一只"狮子"。

领导者若是一只"狮子"，即便他领导的是一群"羊"，他的团队速度也一定比别的"羊群"快很多。惠普创始人之一大卫·帕卡德在公司发展初期，就担当了一个"狮子"的角色，引导了公司的文化理念。

1949年，37岁的大卫·帕卡德参加了一次美国商界领袖们的聚会。他在发言中说："对于一家公司而言，比为股东挣钱更崇高的责任是对员工负责。企业的管理层，尤其是企业的老板应该承认他们的尊严。"他认为，那些参与创造公司财富的人，也有权分享这些财富。年轻的帕卡德在如此高端的场合发表这种言论，很多人认为不合时宜，甚至一度引起商界前辈的嘲笑。

帕卡德后来回忆说："我当时既诧异又震惊，因为在场的人没有一个赞同我。显然，他们认为我是异类，而且没资格管理一家重要的企业。"尤其在那个老板总是坐在私人办公室里发号施令的年代，有人认为帕卡德的观点不可理喻，很多老板都说他简直疯了。

当时的惠普是企业新秀，在美国商业界引起瞩目。惠普的办公室文化更为引人注目。帕卡德在惠普充分体现了尊重员工的理念。他认为自己首先是一个惠普的人，其次才能是CEO。于是，他和工程师们一起，在开放式的工作间里办公；与下属为友，与大家拧成一股绳子。在他的榜样作用下，惠普的管理层不仅为人谦恭，而且创造了一种奉献式的企业文化，这种文化日后成为强有力的竞争武器，使惠普公司的利润连续40年攀升。

领导智慧

管理者的领导头脑、才能和心志对一个团队的管理和进步来说是至关重要的，优秀的管理者将成就一支强大的队伍。

有私心正常，做到不利用私心不寻常

心理学研究表明，趋利避害是人行为的最基本的出发点。因此，无论是在工作还是生活中，"成功"的趋利避害行为成为生存的原始本能。对于一名管理者来说，有私心并不可怕，关键是要运用理性的思维，做到不利用私心为自己谋取私利。祁黄羊就是中国历史上一个不寻常的人物。

《吕氏春秋》中记载着这样两个故事：晋平公要祁黄羊推荐南阳县令的人选，祁黄羊推荐自己的仇人解狐。这让平公觉得十分不解，以为他在搞什么新花样，便把祁黄羊召过来，责问其真实意图。祁黄羊回答道："国君，您只是问我谁可以担当这个职位，并不是问我的仇人是谁。"晋平公觉得他说得很有道理，便用了解狐当县令，举国上下都很称赞这个任命。

不久后，晋平公又问祁黄羊谁可以担任太尉一职，祁黄羊这次推荐了自己的儿子祁午。平公一听，又觉得不解，认为他在贪私心，立即询问他为何会推荐自己的儿子。祁黄羊回答："您只是问我谁可以担任太尉一职，并不是问谁是我儿子。"平公很满意祁黄羊的回答，于是派祁午当了太尉，后来祁午果然成了能公正执法的好太尉。

作为企业管理者，应该向祁黄羊学习，千万不要因为某人和你不熟就不重用他，更不可由私人交情是否深厚来判断要不要重用一个人。一旦私心作祟，往往就会落人口实，影响自己的声誉和公信力。

对于私心，很多管理者还存在误解，认为只要不贪污、不受贿、不走后门，就可称得上没有私心。其实，私心往往存在于无形中，不易察觉，当领导者自以为公正的时候，自私的念头已悄然萌生。

领导者不能做不符合礼仪的事。一切行为都要符合原则，只有这样才能成为群众的榜样，才能在群众中建立起崇高的威信。作为领导者不要以自己的权力和地位来达到自己的个人追求，要用权为公，而不能以权谋私，搞权钱交易。

"心底无私天地宽"，这是领导者重要的品质表现。只有领导者具有巨大的影响力，我们的事业才会有顺利、成功的保障；而这影响力来源于正气、正义和正派的作风。为了树立自己负责、公正的形象，管理者必须保持高度警惕，在团队领导上多做周全考虑。

领导智慧

古语云："民不畏我能，畏我公；民不畏我权，畏我廉。"如果领导正直无私了，许多看似复杂的问题就会变得简单，许多难以管理的人和事就会变得很容易，更重要的是，能得到真正德才兼备的有识之士发自内心的尊重和追随，能做出大事业。

自律才能管理好他人

一个普通的人要想获得别人的尊重，就必须具有他人所没有的优秀品质。作为一个管理者更是如此，如果不具有独特的风格，就很难获得下属的尊敬，而在此特质中，最重要的就是管理者的自我约束。

在实际工作中，管理者往往不自觉地用各种规则、标准去约束员工，而很少会想到怎样管理自己。那么，试问管理者对自己的要求远甚于下属吗？偶尔管理者也会站在客观的立场上，为下属设身处地地想一番吗？要知道这种态度和涵养是身为管理者所必需的。其实律己才能律人，制度化管理首先要求管理者自己遵守制度。

一天到晚为自己打算的人，绝不是一个优秀的管理者，要知道在管理者做这些努力的过程中，他的一举一动都逃不过下属的眼睛，他的一切努力都不会白费。下属会从心里感觉到："这位管理者看来是足以信任的。""依此看来，他是值得尊敬的。"

但令人遗憾的是，多数管理者总是忽视或没有能力做到这个"自我约束"，遇事总是喜欢归咎于他人。

某公司准备开发新产品，需赶紧召开员工大会，一个无能的经理为自己大脑空空而坦然，却在抱怨别人："这些家伙都是窝囊废，竟然拿不出一个新构想！"如果这样的话，下属们会怎样看你呢，你在别人眼中的形象将会产生一个多大的落差呢？别人会把你给看低了。

其实新构想不能全靠下属去构思，身为经理应该先动动脑筋，先制定个框架，或先指明方向，然后再要求下属全力筹划，这样靠着双方共同的努力把目标顺利达成多好啊！如果只是把全部责任推给下属，即使事情成功了，你也会失去一个在下属心中赢得信任的绝好机会。

要知道，如果你的下属对你没有好感，你就别想让他们很好地服从你。公司里有能力的下属表面是在为你拼搏，可暗地里却可能在想方设法取代你的位置。

有一句话叫作"善为人者能自为，善治人者能自治"。一个组织的业务能否在激烈的竞争大潮中得到发展，关键还在于它的管理者是否有正确的自律意识。管理者只有身体力行，以身作则，才能建立起人人遵守的组织制度。

如果领导要求下属遵守时间，管理者必须明白自己的职责，并对自己的行为负责。管理者以身作则，才有说服下属的话语权，激发下属的自觉性，并影响他们朝着良性的方向发展。管理者自己做不到的事，就不要要求下属去做；要求下属改掉坏毛病，自己就要先改掉坏习惯。

当然，管理者约束自己的原则与方法不是一朝可成的。必须有"三军可以夺帅，匹夫不可夺志"的决心和毅力，在不断的尝试与努力中锻炼自己，促使自己一步一步地走向优秀管理者的境界。

领导智慧

培养良好的自律性，成为下属的表率，要从以下方面做起：一是要乐于接受监督，增加管理的透明度；二是要保持清廉俭朴的习惯；三是要戒掉不良嗜好。

以身作则，激起下属工作热情

在竞争愈来愈激烈的今天，企业随时随地都会面临各种困难。不加紧脚步，就很难在困厄的环境中搏出一席之地。当面临困境时，如果领导者能够身先士卒，直面难关，其坚定沉着的精神就会传达给部下，使大家都能够勇敢地面对挑战。只有这样，领导才能确立起自己的人格魅力，部下才会坚定地跟着前进。

领导以身作则，率先垂范，会唤起下属的尊敬感，也就是通常所说的"其身正，不令而行；其身不正，虽令不从"。对于一个组织来说，领导的行为往往对员工起着表率作用。日本著名企业家松下幸之助认为，要提高商业效益，管理者首先就要以身作则，起好带头作用。他让部下从刚一开始参加工作，就培养敬业的好习惯。

日本东芝电器公司土光敏夫持相同的观点，他说："领导以身作则的管理制度不仅能为企业带来巨大的经济效益，而且还是企业培养敬业精神的最佳途径。"

东芝公司是当今世界上的大公司。但是，20多年前，东芝电器公司因经营方针出现重大失误负债累累，濒临倒闭。在这个生死关头，士光敏夫受命于危难之中，并力挽狂澜，把公司拉离死亡的边缘，扬帆远航。

士光敏夫就任东芝电器公司董事长所"烧"的第一把"火"是唤起东芝公司全体员工的士气。他大力提倡毛遂自荐和实行公开招聘制，想方设法把每一个人的潜力都发挥出来。士光敏夫说："没有沉不了的船，也没有不会倒闭的企业，一切事在人为。"

士光敏夫还大力提倡敬业精神，号召全体员工为公司无私奉献。士光敏夫的办公室有一条横幅："每个瞬间，都要集中你的全部力量工作。"士光敏夫以此为座右铭，他每天第一个走进办公室，几十年如一日，从未请过假，从未迟到过，一直到80高龄的时候还与老伴一起住在一间简朴的小木屋中。

士光敏夫有一句名言："上级全力以赴地工作就是对下级的教育。职工3倍努力，领导就要10倍努力。"如今，日本东芝电器公司已经跻身于世界著名企业的行列，它与石川岛造船公司同被列入世界100家大企业之中。这与士光敏夫以身作则、身先士卒的管理制度是分不开的。

现代企业中，有些领导者为了突破困境，要求属下同心协力渡过难关，但身居高职的领导者却依然浪费无度、公物私用。群众的眼睛是雪亮的。上级只要稍有欺瞒虚伪而被下面看穿，必然令下属产生不信任感，那么迟早会引起他们的反感而导致背叛。因此，身为领导者必须严于律己，以身作则，才能让下属信服。

🕵 领导智慧

人类的本性在关键时刻所采取的行动中表露无遗。下属若是看见自己的上司在紧要关头不知所措，甚至临阵脱逃，一定会非常失望。领导者不仅要在平时严格要求自己，以身作则，更重要的还要在面临困境时身先士卒，率先垂范。

下属的好心情，由你来决定

　　管理者需要时常保持良好的心情，因为你的心情会影响到下属的心情，你的态度也会影响到下属的态度。如果不能驾驭自己的感情，那么你肯定也无法让自己的下属在工作中保持良好的情绪。

　　有一位致力于研究领导学的学者，曾长期对 90 位主管进行观察，结果发现这群优秀的领导者身上最明显的一个特征是他们有能力引起他人的注意。因此，一位善于激励下属的领导应该离开办公桌，走进下属的工作场所，起身视察，激发下属的工作热情，提高领导的魅力。

　　领导者的言行往往具有很大的感召力，在必要的时候，领导者如果能够敞开胸怀，潇洒奔放，相信下属也会因此受到感染，增添无穷的力量，增加对自己上司的信任，齐心协力、风雨同舟，共同迎接严峻的事业挑战。

　　作为一名成功的领导者，应该多花一些精力去关心一下下属的感情，并适时地用自己的好心情去感染下属。你可以从以下几点做起：

　　（1）走进公司的时候，不妨面带微笑与下属打声招呼。这会让人觉得你充满朝气、性格开朗。

　　（2）对于初来乍到的下属，应该主动地跟对方握手表示好感，让对方觉出你的热忱。

　　（3）与下属谈话时，要尽量直视对方，大家目光相接的一刻，很容易拉近彼此间的距离。

　　（4）日常工作中，多向下属提一些问题，以示你对他极感兴趣。除了工作之外，也可以涉及生活方面的问题。

　　（5）与下属做朋友，鼓励其谈他个人的奋斗历程和成功的故事，这会减少你们之间的距离感，这时他会视你为朋友，而不仅仅是上司。

（6）每一个人都有一些其他人所不具备的长处，你应该努力发现下属与别人不同的地方，衷心地赞美他，他也必定会以同样的态度对待你。

（7）平时多用心学习，尤其要多留意时事及人物新消息，使自己在与下属沟通时，能有更多的话题，这样一来，便会在下属的心目中树立一个博学的形象，令下属觉得跟你在一起眼界顿开，如沐春风。

有些领导者在工作期间总喜欢一本正经，面容严肃而认真。他们往往认为自己的身份是领导，领导就不能随随便便、嘻嘻哈哈。他们把与人沟通当成一项任务来看待，完成一项任务自然要规规矩矩地来做。但是工作也是一种生活，既然是生活，为什么不开朗活泼些呢？让大家放松一下，不仅不会影响工作，而且会使工作顺利地进行。

情绪是私有的，但需要自己来控制。作为一名领导者，只要你的意识在努力，快乐的情绪就不难得到。排遣忧愁，化解烦恼，努力去改变自己对事物的悲观看法，凡事多向好的方面去想，你就会发现自己的情绪在一天天改变，心情也会一天天变好。

领导智慧

成功的领导者必须学习传教士的精神，经常在人群中露面，不错过员工的聚会，不断用自己的热情和经营理念打动和鼓舞自己的下属。

站着命令，不如干着指挥

领导者在指挥下属工作的时候，"干着指挥"比"站着指挥"

更能有效调动下属的积极性。"干着指挥"是一种无声的命令。这种命令甚至比有声的、文字的命令更有效，更有威力。这种威力，不是靠领导者手中的权力，不是强制力，而是靠领导者的非权力影响力，是一种最高超的指挥。

在日常工作中，如果领导者能参加一些极平常的劳动，比如打扫卫生、装订文件、整理报纸等，或者一些突击性的活动。尽管从分工来说，这些活属于下属工作人员，但你绝对不要认为与自己无关。如果你能"就势"帮助下属做这些事情，下属会感到被重视。同时，你又会给下属一种亲切感，使他感到你平易近人的一面，更乐意追随你工作，甚至会在危难之际为你分忧解愁，出谋划策。

身为领导如果仅仅是"站着指挥"，慢慢与下属就会产生一种无形的距离，甚至一道鸿沟，指挥就会失去威力，甚至会完全失灵。即使目前仍在你的手下工作，也只是暂时性地混着日子，等待跳槽时机。

本来领导者与下属之间，就是组织、指挥和服从、照办的关系。如果你组织得好，指挥得当，你就是一个好的领导者，一个让下属乐意效力的人。你对下属就会产生一种吸引力，下属就会自觉地跟着你奋斗，无声的命令就是这么产生的。领导者所负的责任越大，"调摆"的任务也就越大，所以越是高级的领导者越爱采取"干着指挥"，也就越能激发下属的积极性。

领导智慧

"干着指挥"是一种无声的命令。这种命令，甚至比有声的、文字的命令更有效，更有威力。这就要求领导者自身的模范带头作用，艰苦实干的作风。

以理服人，树立个人威望

领导者要在下属中树立权威，赢得人心，就要做到以理服人。俗话说，"有理走遍天下，无理寸步难行"。道理没讲清，下属会认为你是无理取闹，下属把怨气憋在心里还好一点，万一和你当面争执起来，你这个上司可就没法当了。

松下电器的创始人松下幸之助批评下属是很出名的，但他批评下属有一个特点，他会边批评边讲出自己的道理，让下属虽然挨了批评，却都心服口服。以理服人是松下赢得下属尊重和信任的重要原因。

有近重信刚进入松下电器后被分到电池厂，按规定生产技术人员必须到第一线实习，他就整天跟黑铅锰粉打交道，浑身黑乎乎的。一天，松下来电池厂巡视，有近重信见门外进来一个穿礼服的绅士，立即跑过去把他拦住，问道："请问你有公司开的参观证吗？"

松下说："没有。"

有近重信把双臂一伸，拦住了松下，并且毫不客气地说道："那就对不起，你不能进去。"

"我是……"

"你是天王老子都不许进！"不等松下说完，有近重信就打断了他要说的话。

有近重信接着又说："我们老板松下先生有规定，没有公司的参观证，任何人都不得进来！"

松下没有生气，叫来了厂长后才进去。松下见了厂长井植薰说："你们员工中有个很固执的家伙，大概是新来的吧，死活不让我进来，真是个很有特点的人。"

这件事给松下的印象很深，他认为有近重信是个可造之才，原则性很强。所以井植薰每次去汇报工作，松下都很关注有近重信的情况。

不久，电池厂盖成品仓库，由于松下的坚持，决定采用木结构。井植薰把设计任务交给有近重信，有近重信说："我是学电子的。"井植薰说："我是做操作工的，现在不是在做厂长吗？"

有近重信经过计算，需增加 4 根柱子才能达到安全系数，其他的就没有多作考虑。仓库落成那天，松下见中间竖有 4 根柱子，大为不满，先把井植薰批评了一通，然后又把有近重信叫了进去。被训斥了整整 9 个小时，从下午三四点，到深夜 12 点，连晚饭都没吃。

刚开始有近重信的心里不服，可到后来，有近重信终于明白了松下的意思，他不知道要立柱子才坚持用木结构的，而有近重信明知要立柱子却不敢坚持钢筋结构。井植薰自己不懂，才找有近重信来帮忙，而有近重信明知不好，却偏偏要这么设计，这才是让松下恼火的原因。

松下不仅对普通的下属，就是对公司的管理人员，也会让他们明白道理，从而让大家心服口服。由此可见，领导者在工作中一定要注意以理服人，尤其是在批评下属的时候一定要先摆事实讲道理，让下属真正知道自己错在什么地方。这样，才能赢得下属的敬重和追随。

领导智慧

领导者想在下属中树立起崇高的威望，让下属真心追随，首先要做的就是让下属对你"心服"，最高明的领导者不靠权力和命令，而是以理服人，只有这样才能做到上下一心、同心协力。

赢得人心，仁义比金钱更有效

有些领导者认为，只有靠官职、钱财才能笼络下属。事实上这种观点是不全面的，有时，下属需要的是上级对自己的重视或关注。这时管理者对下属不必付出实质的东西，只需要付出肯定的态度就能让下属获得较大的满足。

对于管理者来说，赢得人心，仁义有时比金钱更直接有效。美国凯德电视公司的总裁李维就是一位深得人心的领导者。他曾经私下对朋友说："人都是有感情的，只要用仁义之心去对待他，他也一定会用心回报你。"

李维的新产品研制小组里有一个叫波克的专家，他脾气古怪、性情暴躁，动不动就和别人争吵，研制小组上上下下的人都被他吵遍了，就连李维也不例外。有一天，为了一个实验问题，波克同研制组的另一个研究员劳布争执不下，他大动肝火，又拍桌子又摔东西。李维过去劝阻也着实被骂一顿。正在他们闹得不可开交时，波克的小女儿来到了实验室，她看见爸爸那副怒发冲冠的样子，吓得哭了起来。波克见状再也顾不上继续吵架，赶忙跑过去，赔着笑脸哄自己的小女儿。

看到这一幕动人的情景，李维立刻在公司附近为波克租了一幢房子，好让他经常和女儿生活在一起。因为李维发现波克虽然看谁都不顺眼，但对留在他身边的这个小女儿却是百依百顺，视为掌上明珠。不难看出，这小女儿就是他的精神依托。

当时处于创业初期，资金十分紧张，李维为波克租房，这使波克很过意不去，经过再三劝说波克才搬进新居。李维为波克租房，虽然花费了不少钱，可搬家这件事所产生的影响却远远不是这些钱所能买到的。

这让波克感觉到，李维在资金状况窘困的时刻，仍然把他的生活快乐看得比金钱更重要，因而对李维感恩不尽。波克的心情好了，与同事相处就很少发牛脾气，大家工作的氛围更加融洽愉快。更重要的是，这件事被公司的其他专家和员工知道后，都说李维讲义气，关怀部下，从而他们齐心协力，把公司办得更好。

从此，波克的工作激情更加高涨，因为在他需要帮助的时候，李维能够主动伸出仁义之手。所以，当李维最需要人才的时候，尽管条件艰苦，波克还是主动跑来为他效力。

因此，领导者如果能在管理中对员工施以仁义，例如给地位卑贱者尊重，给贫穷者财物，给落难者援助，给求职者机会，等等，这些都是笼络人心的最好方式。

领导智慧

在部属眼中之领导者，总是具有某种他人所没有的独特风格。若领导善于以仁义之举赢得人心，将很快获得部属的尊敬，对部属的管理自然不是问题。

勇于承担责任，不揽功，不诿过

孔子曾为我们描绘了一个生动的战场细节：古时候有个叫孟之反的人，在战场上打了败仗，他让前方败下来的人先撤退，自己一人断后。快要进到自己城门时，才赶紧用鞭子抽在马屁股上，赶到队伍前面去，然后告诉大家说："不是我胆子大，敢在你们背后挡住敌人，实在是这匹马跑不动，真是要命啊！"

著名学者南怀瑾先生认为，孟之反善于立身自处，怕引起同事之间的摩擦，不但不自己表功，还自谦以免除同事之间的忌妒，以免损及国家。一个优秀的领导者应当像孟之反一样，时刻体察自己的下属，不揽功、不诿过，这样才能赢得下属的追随。秦穆公就是一个主动为下属揽过的典范。

公元前628年冬，秦国驻郑国的大夫杞子突然派人回国，秘密向秦穆公报告说："郑国人信任我，把都城北门的钥匙交给我保管，这是我国用兵的大好机会。如果您派一支军队来突袭郑国，我们里应外合，一定可以占领郑国，借此扩大疆土，建功立业。"秦穆公听了喜出望外，对领土的贪婪一时间充斥着他的头脑，争霸中原的野心使他再也按捺不住。于是秦穆公立即决定调动大军，袭击郑国。

然而作战经验丰富的老臣蹇叔坚决反对出师郑国。秦郑两国路途遥远，调动大军长途跋涉，必然精疲力竭，元气大伤。再说，如此大的行动，浩浩荡荡的军队千里行进，郑国怎么会不知道呢？一旦兵败，不仅国内人民心中不满，其他诸侯国也会小看秦国。因此，蹇叔力劝秦穆公不要发兵。

求功心切的秦穆公对蹇叔的话不以为然，坚持派孟明视、西乞术、白乙丙三人攻打郑国。事实果然被蹇叔言中。次年 2 月，对秦攻郑之举，晋襄公及其谋臣先轸认为这是对晋国霸主地位的挑战。为维护晋之霸业，晋襄公决定待秦军疲惫会师之时在崤山伏击，并遣使联络附近的姜戎配合晋军作战。

4 月初，晋襄公整顿人马亲自出征，在崤山一带大败秦军，俘获孟明视、西乞术、白乙丙三人。幸好秦穆公之女文嬴巧施计策，劝晋襄公放回了孟明视三人，秦国才免于三员将帅之损。

秦军大败的消息传到秦国，秦穆公立即认识到自己贪心过重，急于求成，不但劳顿三军，更险些折损三将。

此时，秦穆公勇于承担责任，揽过于己。他身穿素服，来到郊外迎接三人，见面时放声大哭："我不听蹇叔的话，使三位受到如此侮辱，这都是我的罪过啊。"孟明视等人叩头请罪，秦穆公说："这是我决策失误，你们何罪之有？我又怎能用一次过失掩盖你们平时的功绩呢？"之后他对群臣又说："都是我贪心过重，才使你们遭受此祸啊！"秦穆公承担下全部责任，感动了群臣，三帅更是力图回报，欲雪国耻，从此整顿军队，严明纪律，加紧训练，为再次出征做准备。

秦穆公爱护下属，勇于揽过，不找替罪羊开脱自己，这对调动部下积极性，团结上下极为重要。试想，若秦穆公杀了孟明视三人，其结果必然是朝野震动，从此没有请命之将，那么何谈雪耻？秦国的历史或许就会改写。不诿过于下属，是领导者赢得人心的法宝。

领导智慧

一个让下属放心追随的领导者既不会独占功劳，也不会诿过于下属，他们在下属的心里就像一棵可以乘凉的大树，是下属真正可以依靠的靠山。

要勇于向下属说声"对不起"

一个人在前进的途中，难免会出现这样或那样的过错。对一个欲求达到既定目标、走向成功的人来说，正确对待自己过错的态度应当是：过而不文、闻过则喜、知过能改。

作为领导如果能勇于认错，不但能给下属留下好印象，而且还能及时挽回因过错而造成的损失。勇于承认错误，不仅没有失去领导的"面子"，而且还会使领导在下属心目中的威信大增。

小张是一家建筑装饰公司的负责人，她带领着一个工作小组，除了她自己以外，还包括3名成员。这个小组负责企划、时间安排，并协调安装壁饰和窗帘，同时也为单位客户进行大型室内装修设计和环境美化工作。

小张的作业小组通常在客户的新写字楼竣工后，就进驻工地并完成内部的装修工作。但是该作业小组很少能够顺利完成到手的工程，他们总是会碰到一些麻烦不小的插曲，害得他们总是需要花费更多工夫去加班。三名组员彼此之间相处得非常融洽，但一碰到重大工程要赶工的时候，就会为谁应该做什么事发生争执。他们一致认为是小张的管理能力不到位。

其实小张自己也意识到，这都是她协调工作没做好，分工不明确造成的。但她却碍于面子，不愿承认是自己的责任，总是责怪下属，结果小组成员抱怨连天，工作进度更慢。

如小张一样，有些领导总感到自己在下属面前承认错误有失"面子"，不成体统。有时明明知道自己错了，却难以开口，任错误继续下去，这才是懦夫的表现。真正的勇士生死都可置之度外，区区一点小错便拿不起、放不下，如何统帅三军，叱咤商场？

小张如果能找出她对问题处理不当的原因，并着手改正她的错误，就能赢得下属的尊重及合作。过于关心面子问题，一厢情愿地以为问题不会再发生，或是向懒惰低头，都是对小张极为不利的因素。

有时候，下属提出的意见可能过于片面，作为领导一定要耐得住性子，沉得住气，听完下属的意见，然后以全面、确凿的事例来向他解释，使其心服口服。千万不要听了下属言论带有片面性时，便脸露不悦，顾左右而言他，一副十分不耐烦的样子。下属也并非不通情达理，听了领导解释，也能体谅你的苦心，意见虽不能被采纳，但却感其诚、会其意而心中释然。

"人非圣贤，孰能无过"，有错并不可怕，关键是勇于承认错误，知错必改，任何人和事物都是在不断地改进中得以逐步完善的。如果认识到错误却不去改正，就是没有大丈夫气概，大丈夫是能屈能伸的。

领导智慧

身为领导，不要整天一副一生无错、只走顺路不爬坡的样子。应该逢山登山，遇水蹚河，该屈就屈，该伸就伸，能屈能伸，这才是真正的领导风范，亦是领导者树立个人权威的关键。

用你的微笑魔力征服下属

卡耐基说过："微笑是待人接物最珍贵的见面礼。"这话一点不错。人与人在一起，没有人希望不愉快、不高兴。但是，当一方正在兴高采烈，而另一方的脸上却乌云密布，就会使对方扫兴。领导者与下属之间也一样，如果能相互赠送"微笑"，对处理好相互之间的关系极为重要。

作为一个领导者，下属会很关心你的表情，如果你老是板着一张铁青的脸，会使下属们沮丧、犯愁，甚至恐慌。如果你有一张微笑的脸，会使下属们心里充满阳光，感到温暖，得到鼓舞。

有人认为，领导者在自己的下属面前，就是要严肃，严肃就是威信，严肃才有威信。事实上，这是十分错误的。他们不知道，微笑的魔力是多么巨大。

1. 微笑给人温暖

每天，领导者与自己的下属接触时，如果能面带微笑，对于许久不见面的还问声好，或者招招手，或者握握手，下属就会感到这个集体无比温暖可爱，从而精神饱满，工作起劲。

2. 微笑给人鼓舞

领导者分配给下属单位或者个人的工作任务，往往因为太繁重、太艰巨，或者太关键，使下属单位的负责人或者个人感到压力很大。在这种情况下，如果你微笑着，拍拍他的肩膀说："行，你会有办法的。"会使他们紧张的情绪松弛下来，并使他们受到鼓舞，激励他们去克服各种困难，得到安慰，增强胜利的信心。

3. 微笑给人信任

那些工作成绩不好，或者犯过错误的下属，往往有悲观压抑的情绪，他们担心周围的人看不起自己，担心自己的领导者不再信任自己。领导者如果能给予他们一个由衷的微笑，这种压抑感在很大程度上就能够得到消除，也就增加了他们迎头赶上和改正错误的决心和勇气。另外，领导者与下属之间产生了误会，下属往往忐忑不安。这时，如果领导者给予一个会心的微笑，某些误会往往就冰释了。

4. 微笑给人安慰

一个人遭遇了不幸，心情是痛苦的，精神往往是倦怠的。这时候，领导如能及时出现在他们面前，微笑着，伸出热情的手，紧紧地握住他们的手，将会是一种极大的安慰。对他们来说，理解与同情比金钱还重要。

如果一个领导者，能够时时刻刻用微笑面对每个下属、每一件事，就会创造出和谐融洽的气氛，驱散上下级之间、同事之间可能存在的阴霾。让下属心情舒畅，不仅能使每个人尽心尽力、积极主动地工作，而且还能相互支持、相互帮助，形成一个所向无敌的高效团队。

领导智慧

微笑管理，是一个不需要增加投入的管理。它不需要任何人力、物力、财力的投入，需要的只是领导者发自心底的一个微笑——轻轻的面部肌肉运动而已。因此，它又是一种能给企业直接带来经济效益的高效管理。

第五章
上下同欲者胜

要能把握"到位感"

所谓"过犹不及",管理者与下属之间的关系是相当微妙的,一定要注意"到位",才能行之有效。

管理者说话要有分寸。由于所处的地位、职能,管理者说话的分量与影响力与一般人不同,同样一句话从管理者口中说出就更具权威性与信任感。这就要求管理者不可随意讲话,乱讲话不是管理者的权力。

在上司与下属谈话时,上司应让下属充分地把意见、态度都表明,然后再说话。让下属先谈,主动权在自己,可以从听下属的汇报中选择弱点追问下去,以帮助对方认识问题,再谈自己的看法,这样对方易于接受。如果还没掌握全部事实,还没经过深度思考就讲出自己的意见,你下的结论就是危险的,若受到下属的驳问将会十分尴尬。

无论说什么话都要把握分寸。不把话说得过满,就是有分寸感的表现。比如新领导被调到一个长期亏损的单位,还未经过调查研究,就在职工大会上放言:"要在半年内解决群众的福利和住房问题,并且扭亏为盈。"这就是把话说得太满了。结果到最后,由于客观条件的限制,尽管使出浑身解数,一年内仍无起色。承诺变成了空话,领导威信一落千丈。大气魄不一定能解决大问题,给自己留有回旋余地,方能显出领导的说话水平。

说话要留余地，但也不能和稀泥，要适当表现出果断和权威性。上司应感到自己的话具有"拍板"、"定调"的味道。如果下属与上司谈了一小时的话，上司都没有说出一句决策性的话，那这场交谈将没有结果。这样的交谈，就是失败的。

维护自己的威信是必需的，因为一个没有主见、被人左右的管理者无法得到下属的尊敬与服从。但这并不意味着管理者可以刚愎自用、独断专行。好的管理者在与下属交谈时，应摆出兼收并蓄、取长补短、互相切磋、求同存异的姿态，不要着急下结论。

管理者在与下属沟通时，还应注意对下属的尊重，谈话时切忌盛气凌人，批评时切忌冷嘲热讽，有错时切忌回避粉饰，有功时切忌自我炫耀。

 领导智慧

中庸之道，讲究的就是一个"度"字，也就是分寸感。

互相搭台，才能共同起跳

李思和罗杰同时进入一家电力公司，在工作中他们不相上下。李思是电力公司总经理的亲属，而罗杰是单枪匹马。两人都成为部门负责人。但罗杰并没有因为自己没有这样的关系而表现消极。在工作中，罗杰经常与李思相互协作，完成工作中的难点，二人配合得非常默契。李思也愿意同罗杰编在一组，相互促进。在完成 11 万伏高压输电线路安装过程中，李思与罗杰一起晚上看图纸，安排工序，白天干活，比预定工期提前 1/3，因此受到表彰。

曾经有朋友劝罗杰，李思本来就有关系，现在你帮他的忙相当于断了自己的升迁之路。罗杰对朋友说："第一，我佩服的是李思的能力和人品，李思成功，他靠的是自己的实力，全公司有多少人能够进行 11 万伏的带电作业，人家就是一个；第二，如果自己没有水平，即使主管不会看重李思，自己也不会有什么出息。我现在也是向他学习本事；第三，一旦李思升迁，自己与他配合默契，工作起来也顺手。"

通过相互之间的配合，他们取得了很大的成绩，并且上级通过李思也认识了罗杰，认为两个人的能力同样突出，在李思提为安装公司经理之后，罗杰理所当然地成了副经理。李思也心里明白，没有罗杰的帮助，仅靠自己也不会有这么突出的成绩，于是在不久之后，李思通过关系，将罗杰调到另一部门担任正职。这样，罗杰的路子也宽广起来，两个人在两个部门相互协调，工作就更加好开展了。

人脉的重要性在这个故事中体现得十分明显。见识深远的人在平时会非常注意人际关系。对于管理者而言，在现代社会，同事之间的竞争有时是很激烈的，怎样在竞争中站稳脚跟，并且和同事尤其是那些与你一样具有同样竞争力的同事相处呢？互相搭台，共同起跳是最好的方式。

你首先要发挥实力，展示自己的才华，这样才有机会脱颖而出，才能与最有前途的人一起前进。然后配合他人的工作，在团体运作中发挥团结精神。协助别人工作和给别人当下手不一样，协助别人要有自己独到的见解。若没有独到的见解，总像跟屁虫似的人云亦云，替别人打杂，是永远成不了气候的。

领导智慧

互相搭台，共同起跳，才能跳得更高。见识深远的人在平时会非常注意人际关系。

欣赏别人也要懂得技巧

被人欣赏是每个人心底的愿望，"士为知己者死""女为悦己者容"的秘密正在于此。一家成功的保险公司经理在谈到成功的秘诀时说：我们欣赏我们的代理人。欣赏的功用有几方面：给人以信心；使对方感到满足；让对方兴奋等。

"情人眼里出西施"，在爱人眼里，对方是世界上最完美的。一个人被认为是世界上最完美的，那将是怎样的幸事。所以心中有爱情的人对待生活总是积极、乐观的。成功男人的背后总有一个贤惠的女人，如果一个妻子认可并欣赏其丈夫，并把这种感觉传递给他。那么，每当丈夫回家时，都能从她身上得到一种信心和鼓励，第二天，他就能充满自信地面对生活。

懂得欣赏别人是好的，但还要掌握一些技巧，否则容易弄巧成拙，马屁拍在蹄子上。首先要尽量去欣赏别人一些他自己不很自信或不被众人所知的优点。如果李连杰和你第一次见面，你表示欣赏他的功夫电影，除了让他一笑以外，不会产生什么特别的感觉，而如果你表示欣赏他做慈善的精神和毅力，他会非常开心。

欣赏别人不能无中生有。明明对方没有这个优点甚至这方面是他的弱项，你还大加赞赏，他会怀疑你是在讽刺他，要么就认为你只是逢场作戏、假话连篇。此外，单独对待每个人总能让人有种被欣赏的感觉。当你到朋友家做客，朋友向你介绍了他的三个孩子后，你不是点头微笑而是走过去一一握手并问好，他们马上会对你产生好感。

领导智慧

学会欣赏，懂得欣赏，知道欣赏什么和怎么欣赏，对于领导来

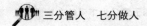

说，是一门管理艺术。

让部下产生"自己人"意识

"一家人不说两家话""咱俩谁跟谁啊""疏不间亲""兄弟阋于墙，外御其辱"，说的都是自己人与外人的区别。人情社会，人情永远为大。做领导，要懂得让本为"外人"的下属产生"自己人"的意识。

与欧美人相比，亚洲人性格偏于内向，不易在第一次见面时就与人坦诚相待。但是如果对方与自己是校友、同乡、在同一座城市呆过乃至属于星座相同，那么即使是第一次见面，对方也往往会表现出友好的态度。此种情况是很常见的。

上司也可以利用双方的共同点让下属产生"自己人"的意识，一旦产生共鸣，自然可加强学习的意愿。对于下属，找出自己与他共通之点，据此加以强调是很有效的。从心理学来讲，使对方与自己的心理连在一起的作用称为"促进彼此信赖的关系"。寻找与下属的共通之点，便相当于此种"促进彼此信赖的关系"。

这种共通点愈多愈好，而且关系愈近，愈有效果。例如出生地、毕业的学校、性格、类似的遭遇等。事实上，若要找出彼此的共通点并不困难。就出生地而言，对于是否在该地出生并不重要，只要是曾经在当地住过，即可成为谈话的材料。只要能找出三四项，就不难解决团队内成员的向心力问题。

领导智慧

外人与可以变成自己人，只要你善于利用、强调双方的共同点。

以别人的心甘情愿为前提

有一次，一名卡耐基的学员抱怨他的汽车销售人员最近不那么努力了，本月许多该完成的任务都没有完成。这样下去，会给公司造成一笔不小的损失。他向卡耐基询问，如何才能及时改变这种状况。

卡耐基听完这位学员的抱怨，悄悄在他耳边说了几句，这位先生紧缩的眉头一下子就舒展开了。

这位学员（其实是那家汽车经销公司的董事）马上将分布在美国各地的经销人员召集到公司的大本营。这些经销员正因最近汽车销量不好而烦恼不已，当接到召他们回总部的消息时，许多人忐忑不安，他们担心老板要将他们集体辞退。

这些经销人员垂头丧气地回到位于底特律的总部时，惊奇地发现，老板的脸上并没有预想的阴霾，而是显出和蔼可亲的样子。老板没有发脾气，而是说道：

"我知道这个月的销售成绩不太理想，这不怪你们，我只想知道具体原因是什么。我们这次开的会是解决问题的大会，不是辞退的大会，因此请大家知无不言，言无不尽。"

大家听了，开始还拿不准老板意图，以为老板在试探。但是，在老板真诚目光的注视之下，终于有人打开了话匣。其他人见有人开了先河，也纷纷说出了心中憋了许久的话。

大家你一言我一语，终于道出了真正原因。原来，这个月整个汽车销售市场都十分不景气，再加上最近市场的饱和和通货膨胀的加剧，汽车就更难推销出去了。就在这个会上，针对一个又一个的问题，大家提出了意见和解决办法。会议开得十分热烈，老板始终未发一言，他一直倾听推销员的话语。会议结束时，他果然没有惩罚大家，反而将他们的薪水增加了 20%。不出两个月，这个公司的销售业绩重新上升，在同行中占据了领先地位。

合作与竞争是这个社会存在和发展的两大动力。合作，必须以别人心甘情愿为前提条件。

作为领导者，在与自己的下属交流时，不该将自己的意见强加给对方，而要设法使对方心里所想的叫让他自己说出来。与别人保持适当的默契，不是表面上，而是打心底里想与人合作，你就一定会取得成功。

领导智慧

让下属合作，必须以其心甘情愿为前提条件。

和谐管理绝不是讨好员工

和谐是管理的至高境界，也是每个领导者追求的目标。和谐管理讲究"少管理"，管理者与被管理者双方要彼此尊重，团结合作。但这并不意味着，管理者为了与员工保持和谐关系，而需要去讨好员工。

管理的目的是让员工敬业而不是追求员工满意，永远不要忘记这一点。管理者靠讨好员工可能会让员工满意，但并不能实现企业整体的和谐发展。敬业与满意有严格的区别。一位企业家经过长期的调查发现，一个满意的员工并不是一个高效的员工，甚至有可能成为企业发展中的障碍，他甚至会为了维持他的满意而阻碍公司必要的改革。

员工感到满意之后，不一定乐于把满意度转化为更出色的工作表现，或者创造更好的工作业绩。只有一个敬业的员工才会为企业的发展积极贡献力量。满意的员工会享受公司发给他的钱，而敬业的员工辛勤工作并不仅仅是为了赚钱，他还希望借由工作获取肯定、实现自我、发挥影响力。

以讨好员工为目的的管理者，为了提升员工的满意度，一味地加薪、放假，却不关心员工的工作效率是否"同比增长"，对员工更高层次的需求也不甚留意。在注重培养员工的敬业精神的企业里，管理者会将员工的个人发展和企业的长远发展紧紧联系在一起。这就是员工的深层需求。

所以，除了薪金、福利之外，管理者还要考虑工作的内容、员工的发展机会、企业文化，甚至人际关系等因素。这些因素对调动员工的敬业精神大有裨益，更能体现公司对人的尊重。

真正的和谐关系应该是这样的：管理者每天都亲临第一线。但他们并不是来监督工作的，而是希望了解员工的真实感受，并确认工作中是否存在一些棘手问题。他们平易近人并关心员工切身利益，即使有些员工被裁员，也同样会对管理者的做法给予肯定，而不是感觉到受骗或不公正。

领导智慧

和谐管理的是员工的敬业心，而不是他们的满意度。

被下属爱戴是卓有成效管理的开始

被下属爱戴是实现卓有成效管理的本源。管理者作为组织领袖，管理对象就是下属，如果不受下属敬重，布置任务时就会遭到不同形式的抵触，致使团队执行力低下，影响既定目标的实现。

要想成为被下属爱戴的人，除了宽容之外，管理者还要做到以下四点：

1.要多商议、少命令

研究工作时尽量采用协商的口吻，充分听取团队成员的意见。

一般情况下，最好先让成员提出如何开展他负责的那部分工作的方案意见，在商议过程中以"支持"、"补充"、"强调"等几点意见的方式将自己的意图融进去形成最后方案。这样在贯彻方案时成员的积极性会更高。

2. 要充分信任，大胆授权

团队管理者要相信成员已经具备较高的成熟度，能够独当一面，完全胜任自己的工作。因此，凡是成员职权范围内的事，平时不要过问得太细，更不要直接插手指挥，切忌未经通气就随意变更成员已做的工作安排。

3. 善于鼓励下属创造更好的成绩

1921年，当查尔斯·史考伯成为美国钢铁公司的第一任总裁时，他就得到了100万美元的年薪，史考伯说他得到这么多的薪水，主要是因为他跟别人相处的本领。"我认为，我那能把员工鼓舞起来的能力，是我拥有的最大资产，而使一个人发挥最大能力的方法，就是赞赏和鼓励！"

他说："再没有比上司的批评更能抹杀一个人的雄心。我从来不批评任何人，我赞成鼓励别人工作，因此我喜欢称赞，讨厌挑错。我们应当找出下属的优点，给他们诚实而真挚的赞美。他们必定会咀嚼你的话语，把它们视为珍宝，一辈子都在重述它们——即使你忘了他们之后，也许他们还在重复着。所以请记住这条原则：热情、真心的赞美下属，欣赏下属。"

4. 要时刻给予成员一种"安全感"

在正常的工作中，要放手让成员充分施展自己的才华，即使出现失误或问题，对他批评帮助后，仍然要给他支持和信任。好的团队管理者总是给人以机会，使一时的错误和失败不至于让人灰心丧气，并能将其转化为改进工作、弥补损失的动力。至于成员为促进发展而在自己主管的部门推行某些改革措施一时不被多数人理解而遭到指责时，管理者更应当旗帜鲜明地站出来表态并分担部分责任，帮助成员摆脱困境，增强其勇于开拓的信心。

管理者是团队的核心人物，在团队管理中起主导作用。管理者要成为团队的模范、沟通的核心、协调的表率。在工作中要敢于拍板，甘愿接受监督；既要统一指挥，又要尊重民意。只有成为被下属爱戴的人，管理者才能真正被下属所认可和敬重，管理才能获得真正的高效。

领导智慧

管理者要用民主和人文的方式，去"笼络"下属的心，获得他们的爱戴。

懂得互利才能留住人

有一个聪明的猎人带了几只猎狗去森林里打猎。他发现了一只兔子后，放出了一条猎狗。猎狗一直追赶兔子，但是追了很久仍没有捉到。猎人看到此种情景非常生气，怒斥猎狗说："你真是没用，兔子那么小，反而比你跑得快得多。"猎狗喘着粗气回答道："主人啊，你有所不知。我和兔子跑的目的是完全不同的。我是为了一顿饱饭而跑，兔子是为了活命而跑啊。"

猎人听完猎狗的解释后，觉得猎狗说得有道理，同时也提醒了他："我要想得到更多的猎物，得想个好办法，让猎狗们也为了活命而跑。"于是，猎人召集了所有的猎狗，举行大会，他决定对猎狗实行论功行赏。猎人宣布："凡是在打猎中抓到一只兔子的，可以得到一根骨头的奖励，抓不到的就没有饭吃，年底再进行考核，最后一名将被杀掉。"

猎人的新方法果然有用，猎狗们为了避免被杀，又为了获得更多的骨头，抓兔子的积极性得到大幅度提高，每天抓到的兔子数量迅速上升，猎人获得了相当好的收益。

可是，没过多久时间，新问题又出现了。猎人发现猎狗们每天抓到的兔子数量不少，但都是一些小兔子。猎人通过观察发现，原来大兔子跑得快，非常难抓，而小兔子要好抓很多。抓到大兔子和抓到小兔子得到的骨头是一样的，于是猎狗们就都去抓小兔子。

猎人发现了猎狗们在利用自己规则的漏洞，他决定改进一下自己的方法。经过思考后，猎人决定奖励骨头的数量不再与兔子数量挂钩，而是每过一段时间，就统计一次猎狗捉到兔子的总重量，按照重量决定猎狗这段时间内的待遇。

这个方法一出台，猎狗们的积极性再次被激发，抓到的兔子数量和重量都有了增加，猎人非常高兴。不过好景不长，又过了一段时间，猎人发现，猎狗们抓兔子的积极性又开始下降，而且越是有经验的猎狗越缺乏斗志。猎人觉得这个问题很严重，于是他找到了最早跟随自己的猎狗。

忠诚的猎狗告诉猎人："主人啊，这阵子我们都在琢磨。我们把最宝贵的青春都奉献给了您，可是我们会慢慢变老，等我们抓不到兔子的时候，您还会给我们骨头吃吗？"猎人听完恍然大悟：原来猎狗们需要养老保险。

这一次，猎人对自己的奖励制度再一次做出调整：他规定了每只猎狗每月的任务量，如果每月抓到的兔子量超过任务量，那多余的兔子量将会作为储备储存到猎人为猎狗建立的账户上，这样一来，如果哪天猎狗跑不动了，它就可以从这个储备账户上提取骨头。这个新的政策再次刺激了猎狗，他们又开始努力为自己储备任务量。

但是一段时间之后，又一件意想不到的事情发生了：一些优秀的猎狗竟然逃离猎人的束缚，自己抓兔子去了。这使猎人有些着急，难道是奖赏的力度不够？于是，他把"优秀猎狗"的奖励标准提高了2倍，这一招收到了立竿见影的效果。但没过多长时间，离开猎人去抓兔子的优秀猎狗一下子增多了许多。

猎人意识到猎狗正在流失，并且那些流失的猎狗开始和自己的猎狗抢兔子。情况变得越来越糟，猎人很无奈，他找到那些离开的猎狗，问它们这一次又是为了什么要离开。

其中一只猎狗对猎人说："我们努力抓兔子，只能得到几根骨头。而我们自己抓兔子，还能吃到肉，那我们为什么不自己去抓兔子呢？"不过，这个猎狗也同时表示："也不是所有的猎狗都能顿顿有肉吃，有时候抓不到兔子的最后连骨头都没得吃。"

于是，猎人进行了改革，使得每条猎狗除基本骨头外，还可以从抓到的兔子中提成兔肉。而且这个提成会随着贡献和时间递增，这样一来猎狗们也能吃上兔肉了。既有保障的骨头，又有兔肉吃，猎人的这个决策出来后，流失的猎狗们纷纷要求重归猎狗队伍。

同时，为了增强猎狗的归属感，猎人又专门成立了猎狗股份公司。他给所有参与抓兔子的猎狗都分配了股份，于是每个猎狗都成了猎人的管理人员。猎人的这一招相当有效，猎狗们将猎狗公司完全当成了自己的家。从此以后，再也没有猎狗主动离开。

猎人通过让利给猎狗，最终让猎狗们安心为自己服务。

猎人与猎狗在不断的博弈中，实现了利益的一致。猎狗们之所以愿意服务于猎人，其根本就在于猎人将自身的利益让利出来。猎人的收益来自于猎狗，他从猎狗的工作中获益，为了能够留住猎狗，他懂得分享利益，互利让双方的合作持续稳定下去。

领导智慧

互利是合作稳定的根本，只有在互利合作中才会实现"共赢"。所以，领导者要向猎人学习，学会让度企业利益，与员工互利合作，这也是企业能够长久发展的关键所在。

柔性管理凝聚人心

我们总是说，对知识型员工要用人性化的管理方式。其实，对待任何员工都要如此。那种待员工如奴仆的粗暴式管理，在任何社会情形下都不可能产生好的效果。不懂得柔性管理，只会让员工逐渐产生离心力。

柔性管理的管理方法表现为：内在重于外在，心理重于物理，身教重于言教，肯定重于否定，激励重于控制，务实重于务虚。

显然，在知识型企业管理柔性化之后，管理者更加看重的是职工的积极性和创造性，更加看重的是职工的主动精神和自我约束。

柔性管理的鼻祖是墨子。中国古代墨子的"兼相爱交相利"思想正是"柔性管理"之道。墨子是先秦时期著名的思想家，面对当时社会上"强之劫弱、众之暴寡、诈之谋愚、贵之傲贱"这种弱肉强食的丑恶现象，墨子提出："以兼相爱交相利之法易之。"墨子的"兼相爱交相利"思想的实质，就是柔性管理，它通过人们之间"彼此相亲相爱"来改善人际关系，消除破坏性冲突，创造良好的社会环境，使人们既能"自爱"又能"爱人"，从而使每个人的利益都能得到满足，这既符合人的自然性的需要，又符合社会道德法律规范。

柔性管理最大的特点，在于它主要不是依靠权力发号施令，而是依靠人性解放、权力平等、民主管理，从内心深处来激发每个员工的内在潜力、主动性和创造精神，使他们能真正做到心情舒畅、不遗余力地为企业开拓优良业绩，成为企业在全球激烈的市场竞争中取得竞争优势的力量源泉。

柔性管理就是既要让员工感受到充分的尊重，又要促进企业的长远发展。在实施管理过程中，企业管理者要强调员工的重要性，并尽可能弱化自己，把每一位员工都放在十分重要的位置上。但这并不是说，管理者就需要讨好员工，只有彼此尊重才有进一步的团结合作。管理者的秘诀是尊重人，但是即使是在柔性的管理方式下，也要有刚性的制度。管理者在实施管理过程中，可以采用灵活的方法，但一定要坚持原则，令行禁止，在制度面前人人平等，这是管理中必须遵守的规则。

 领导智慧

公司领导注重柔性管理，就要淡化自身的高位优越感，尊重每一个员工的发展空间和权力，发挥他们的主观能动性。

人文关怀不可缺乏

很多国际上的知名企业都非常注重对员工的人文关怀，加强与员工之间的情感交流，从而激发员工的工作热情及对企业的忠诚。

通用电气公司总裁斯通努力培养全体职工的"大家庭感情"的企业文化，公司领导和职工都要对该企业特有的文化身体力行，爱厂如家。从公司的最高领导到各级领导都实行"门户开放"政策，本厂职工随时都可以进入他们的办公室反映情况，对于职工的来信来访能积极负责地妥善处理。

不仅如此，公司的最高首脑与全体职工每年至少举办一次生动活泼的"自由讨论"。通用公司像一个和睦、奋进的"大家庭"，从上到下直呼其名，无尊卑之分，公司成员互相尊重，彼此信赖，人与人之间关系融洽、亲切。

1990年2月，通用公司的机械工程师伯涅特在领工资时，发现少了30美元，这是他一次加班应得的加班费。为此，他找到顶头上司，而上司却对此事无能为力，于是他便给公司总裁斯通写信：

"我们总是碰到令人头痛的报酬问题。这已使一大批优秀人才感到失望了。"斯通立即责成最高管理部门妥善处理此事。

三天之后，公司有关部门补发了伯涅特的工资，事情似乎可以结束了，但通用电气公司利用这件为职工补发工资的小事大做文章。第一是向伯涅特公开道歉；第二是在这件事情的带动下，了解那些"优秀人才"待遇较低的问题，重新调整了工资政策，提高了机械工程师的加班费；第三，向著名的《华尔街日报》披露这一事件的全过程，在美国企业界引起了不小的轰动。

事情虽小，却能反映出通用公司的"大家庭观念"，反映了员工与公司之间的充分信任。通用电气的成功之处在于抓住了情感管理的要素，在员工与企业间搭建互信的桥梁，上下一心，众志成城。

领导智慧

注重人文关怀，加强与员工的情感交流，可以激发员工的工作热情及对企业的忠诚。

用情感抓住下属"骚动的心"

要真正获得员工的心，管理者首先要了解员工的所思所想，进而满足他们内心的需求。从某种程度上来说，员工的心是"骚动的心"。员工的需求也随着人力资源市场情况的涨落和自身条件的改变在不断变化。

善于把公司看作大家庭的日本，很重视员工的婚姻大事。日立公司就设立了一个专门为员工架设"鹊桥"的"婚姻介绍所"。当新员工进入公司后，可以把自己的学历、爱好、家庭背景等基本情况输入"鹊桥"电脑网络。当某名员工递上求偶申请书，其他人便有权调阅电脑档案，申请者可以利用休息间坐在沙发上仔细翻阅这些档案，直到寻找到满意的对象为止。

一旦他被选中，联系人会将挑选方的资料传送给被选方，如果被选方同意见面，公司就会为两方安排约会。约会后双方都必须向联系人汇报对对方的看法。日立公司人力资源部门的管理人员说："由于日本人工作紧张，职员几乎没有时间寻找合适的生活伴侣。我们很乐意为他们帮这个忙。"这样做能起到稳定员工、增强企业凝聚力的作用。

如果是公司内元老级员工的婚礼，"月老"会一手操办，而来宾中70%都是新婚的同事。员工感受到了家庭的温暖，自然能一心一意地扑在工作上。由于这个家是公司促成的，员工对公司就不仅是感恩，还油然而生一种鱼水之情。毫无疑问，这样的管理成效是一般意义上的奖金、晋升所无法比拟的。

利益杠杆虽然是管理上的一种重要平衡手段，但并不是万能的，需要在管理中注入情感成分。将企业培养为一个大家庭是一种"高情感"管理方式。企业未来所面临的竞争是激烈和残酷的，更需要这种"高情感"管理方式来凝聚人心，拢聚人才。

领导智慧

"高情感"的管理方式可将企业培养为一个大家庭，凝聚人心，拢聚人才。

学会用行动感动员工

通用电器公司在基层员工管理上非常注重情感管理，前总裁斯通非常善于利用小事情来感动员工。

有一天，在美国旧金山一家医院里的一间隔离病房外面，一位身体硬朗、步履生风、声若洪钟的老人，正在与护士死磨硬缠地要探望一名因痢疾住院治疗的女士。但是，护士却严守规章制度毫不退让。

这位护士怎么也不会想到，这位衣着朴素的老者，竟是通用电气公司总裁，一位被世界电气业权威杂志——美国《电信》月刊选为"世界最佳经营家"的世界企业巨子斯通先生。护士也根本无从知晓，斯通探望的女士并非他的家人，而是加利福尼亚洲销售员哈桑的妻子。

哈桑后来知道了这件事，感激不已，他每天工作达16小时，为的是以此报答斯通先生对他的关怀，加州的销售业绩一度在全美各地区评比中名列前茅。正是这种基层情感管理方式，使得通用电气公司事业蒸蒸日上。

在制度化管理当中，不仅仅强调管理的理性化，对人的情感也需要进行管理。通用电气公司的管理经验表明，情感管理方式创造了员工与企业之间的相互信任，从而更有利于提高劳动生产率。

领导智慧

知识化时代，不能只强调管理的理性化，对人的情感也需要进行管理。

让员工把公司当作家

让员工以公司为家，为"家"辛勤奉献，是每个管理者的理想。在这方面，"微软方法"值得学习：

方法一：在微软，每位员工都有一间单独的办公室，里面可以听音乐、调整灯光，做自己的工作，可以在墙壁上随意贴自己喜欢的海报，或在桌上摆放喜欢的东西，让这间办公室更像自己的一个家。

方法二：在微软不需穿制服，员工可以任意穿他们自认为最舒适的服装上班，短裤或汗衫都可以。公司对员工是以其工作表现好坏而非穿着好坏作评估。

方法三：公司提供无限的免费饮料，包括汽水、咖啡、果汁、牛奶和矿泉水，让员工口渴就可以喝，使其能够专心地工作。

方法四：公司的材料室公开，公司信任员工去拿他们所需的材料，包括文具、办公用品等，不必填表格或排队等待。

方法五：微软没有设定工作时间表，而是让员工自己选择工作时间，结果大多数人为了完成工作，都比一般按常规上下班的人工作的时间来得长。微软要求的是完成工作，而非工作时间长短。

微软所创造的办公环境让员工感觉自由自在、被尊重和信任，因此他们都能专注于工作，效率很高。

领导智慧

创造家一样的办公环境，直接目的当然是为了让员工感觉自由自在，但最根本的还是为了激发他们的创造力。

如果你很快乐，就与员工分享

海因茨要去佛罗里达旅行，这是他公司所有的员工都知道的事情。大家对他说："好好玩一玩，你太累了，一年到头也难得轻松那么一回，这会就放松玩吧，公司的事有大家顶着呢。"

不久，他就回来了，而且没玩几天。

"怎么这么早就回来了？"大家以为他在外面碰到不愉快的事。

"你们不在，没有多大意思。"他对大家说。

他指挥一些人在工厂中央安放了一只大玻璃箱，员工们纳闷地过去看，原来里面有一只大家伙，是短吻鳄，重达800磅、身长14.5英尺，年龄为150岁。

"怎么样，这个家伙看起来还好玩吗？"

"好玩。"许多人都说从来就没有看到过这么大的短吻鳄。

海因茨笑呵呵地说："这个家伙是我佛罗里达之行最难忘的记忆，也令我兴奋，请大家工作之余一起与我分享快乐吧！"

原来，海因茨是为员工们买回来的，他不喜欢一个人观赏这个动物，就干脆把它买回家。这个海因茨就是亨利·约翰·海因茨——一个年销售额高达60亿美元的超级食品王国亨氏公司的创始人。

这个故事的启示是：愉悦的老板肯定会有一个快乐的企业。

在企业管理中，管理者有了快乐，别忘了与员工一起分享。管理者能达到和员工一起分享的目的：

（1）如果员工的工作单调，试试给工作添加些乐趣和花样。

（2）对于如何做工作，只给出一些提议，由员工自己选择去做。

（3）在公司里提倡并鼓励责任感和带头精神。

（4）鼓励员工之间的互动协作。

（5）有很大的庆祝活动，别忘记也让员工参加。

（6）日常闲谈中多表示赞赏，让员工知道管理者是关心他的。

（7）在员工生日时，给他一份礼物或让其休息，员工自然会对公司产生一种亲切感。

如果一个管理者能做到以上所说的七点，视员工为企业的根本，那么管理者就能更好地促进企业的发展。

 领导智慧

管理者有了快乐，别忘了与员工一起分享。

不要担心员工挑岗位

索尼董事长盛田昭夫有个习惯，经常走进员工的餐厅与他们一起聊天、饮茶，这样是为了培养员工的合作意识并与他们保持良好的沟通。

这一天，盛田昭夫忽然发现一位年轻员工郁郁寡欢，心事重重，闷头吃饭，谁也不理睬。于是，盛田昭夫就主动坐在这名员工对面，与他攀谈。几杯酒下肚之后，这个员工终于开口了："我毕业于东京大学，原本有一份待遇十分优厚的工作。进入索尼之前，对索尼公司崇拜得五体投地。当时，我认为自己进入索尼，是一生的最佳选择。但是，到现在才发现，我不是在为索尼工作，而是在为课长工作。坦率地说，我这位课长是个无能之辈，更可悲的是，我所有的行动与建议都要由课长批准。我自己的一些小发明与改进，课长不仅不支持、不理解，还挖苦我癞蛤蟆想吃天鹅肉，有野心。我十分泄气，心灰意冷。这就是索尼？这就是我所想象的索尼吗？我居然放弃了那份优厚的工作来这种地方！"

这番话令盛田昭夫十分震惊，他想，类似的问题在公司内部员工中恐怕不少，管理者应该关心他们的苦恼，了解他们的处境，不能阻止他们的上进之路，于是他产生了改革人事管理制度的念头。之后，索尼公司开始每周出版一次内部小报，刊登公司各部门的"求人广告"，员工可以自由而秘密地前去应聘，他们的上司无权阻止。另外，索尼每隔两年就为员工调换一次工作，特别是对于那些精力旺盛、干劲十足的人才。在索尼公司实行内部招聘制度以后，有能力的人才大多能找到自己较为满意的岗位，而且人力资源部门可以发现那些"流出"人才的上司所存在的问题。

一个单位，如果真的要用人所长，就不要担心员工对岗位挑三拣四。只要他们能干好，尽管让他们去争。争的人越多，相信也干得越好。对那些没有本事抢到自认为合适的岗位，又干不好的剩余员工，不妨让他待岗或下岗，或者干脆考虑外聘。

索尼秘密求职这一绝招，对于那些精力旺盛、干劲十足的人才，

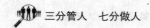

不再让他们被动地等待工作，而是主动地给了他们施展才华的机会。

领导智慧

　　只要员工有能力，可以建立相关的机制帮助员工进行岗位上的调动，以免人才资源的浪费和流失。

真诚感动一切

　　美国费尔斯通轮胎公司的经理费尔斯通先生，有一次在一家小酒馆吃饭，无意中碰到了一位喝得酩酊大醉的青年人，因而惹起这位醉汉的不满，对费尔斯通大打出手。幸亏酒店老板的及时劝阻，费尔斯通才得以免遭伤害。

　　事后，费尔斯通从店主那里了解到，这位青年就在附近的一家工厂工作，时常来这里酗酒。据说，他发明了一种能够增强轮胎强度的技术，并且申请了专利，但是他寻找了好几家生产汽车轮胎的厂家，要求他们购买他的专利，结果都被拒之门外，并且受到了他们的侮辱。所以，他才感到怀才不遇，整日郁郁寡欢，经常来这里借酒浇愁。

　　费尔斯通得知这些情况后，对这位青年的粗鲁毫不介意，并且决定聘请他来自己的公司工作。

　　一天早晨，他在工厂的门口等到了这位青年人，但这个青年人早已心灰意冷，不愿向任何人谈起他的发明，同时也不理费尔斯通，面无表情地去工厂干活去了。

　　但是，费尔斯通却一直在工厂的大门口等候。费尔斯通从早上8点一直等到了下午6点。这时，那个青年人走出厂门，没想到这次他一见费尔斯通的面，便与费尔斯通聊上了，并爽快地答应了与他合作的要求。原来在吃午饭的时候，那位青年人出来看见费尔斯通在门口等着，便转身回去了，但后来他知道费尔斯通一天不吃不喝，为自己等了近 10 个小时，被费尔斯通的真情所感动了。

费尔斯通也正是在这位年轻人的帮助下，推出了新的汽车轮胎产品，从而取得了商业上的巨大成功。

能否拥有一些真正的人才，是一个企业能否走向成功的关键所在。

要吸引人才，方法很多，但始终都摆脱不了一个"诚"字，要待人以诚。这个"诚"可体现在诸多方面，对自己孜孜以求的人才要保持耐心，始终不温不火、恭敬有礼，相信总有一天你会感动他的。

领导智慧

企业的发展，人才是关键。而管理者需以诚待人，以德服人，才能获得人才的青睐。

学会抓住员工的心

在竞争激烈的市场，从 1982 年到 1985 年，IBM 连续四年被美国《财富》杂志推荐为最优异的公司，为什么呢？

IBM 的三大基本信念是——充分尊重个人、服务顾客至上、追求卓越的绩效。

我们可以从 IBM 的老板小华特森与部属巴克·罗杰斯的一段精彩对话来了解 IBM 是如何实践他们的信念的。

有一天，罗杰斯接到小华特森的开会通知，要他下午 3 点准时参加，不巧他事先已与客户约好，当他接到通知时，已在客户的办公室了。当罗杰斯把客户的事情办妥之后回到总公司，已是下午 6 点半了。

小华特森为了表示他的不满，会议并没开始，全公司的高级主管都在会议室等候罗杰斯。当罗杰斯走入会议室时，小华特森面无表情地质问他："追求卓越的绩效乃公司的基本信念，你连如此重要的会议都无法准时参加，你将如何去追求卓越的绩效呢？"

罗杰斯立刻反问说："公司其他的信念，是否也要彻底实践呢？"

小华特森回答说："当然啦！"

罗杰斯说："我与新泽西州的客户有约在先，因此先赴约完成'服务顾客至上'的信念，这么做难道错了吗？"

小华特森的脸色立即缓和下来，他微笑地说："巴克，你对事情的轻重缓急掌握得非常正确，我们现在立即开会。"

当一个管理者面临呆板的制度和突如其来的事情发生冲突时，管理者是选择按制度办事，还是处罚员工呢？在这样的情况下，了解事情的真相，灵活的运用制度，抓住员工的心，给他们分清轻重缓急的授权，是管理者应当明确的观念。

领导智慧

赋予员工灵活运用公司机制的权利，培养员工处理事务的变通能力。

与员工分享管理

官僚主义是大企业的通病。总裁办公室附近的员工，工作几年甚至没能和总裁说上一句话，这样的体制怎么会不犯错误？怎么会有建设性的意见？这样的企业前途是黯淡的。

诺基亚从不这样，诺基亚强调与员工进行"分享"式管理，与全体员工分享企业的一切，让每一名员工都知道企业的方向在哪里，如何共同努力去实现它。在实现这个共同目标的过程中，每个经理都相当于一个教练，他的责任就是帮助员工做得更好。"是教你做事，而不是叫你做事"，这是在诺基亚工作的经理们牢牢记住的一句话，这样做可以发挥每个人的潜能而不是仅仅像那些"官僚企业"依靠行政命令使其机械地工作。

诺基亚也许是世界上最不官僚主义的跨国大公司，在公司里经常让人搞不清谁是负责人。每个部门都享有自由，当然必须以遵守一定的制度为标准。这种自由的管理模式，激发了每个人的激情。

实际上，奥利拉在诺基亚的成功之一就是使员工可以抓住机会，积极采取行动。奥利拉是个随和的人，作为公司的领导，他还让员工们敬畏，他是个非常急切地想表达自己的人。据说公司在开业务会时，大家在会议中争论到一定激烈的程度，奥利拉总是站出来，将大家的意见归纳为几点，并指出各自的优劣，然后，让大家从中进行抉择。而一旦某一条为大多数人所赞同，奥利拉会毫不犹豫地说："好，就这么办。"他知道，任何一个决定都会有风险，而一个决策者应该做的是在实践中对决策不断修正，而不是在实践之前犹豫不决。

诺基亚的做法是永远让最具备某项知识的人做出与之相关的决定。诺基亚采取的是循序渐进的方法，它的独特之处在于每个部门都享有自由。

这是一个公司上下共享的主题，让其他人来发挥他们的所长，这就需要我们去构建一个人员网络。结果，诺基亚成了世界上最不官僚主义的大公司之一，这种不官僚的气氛渐渐地形成了公司文化的一部分。

领导智慧

永远让最具备某项知识的人做出与之相关的决定。

关心员工就像关心自己的家人

福特公司在全球闻名遐迩，公司的文化也是充满人性化。有一天，公司的社会部长马金博士在整理资料时，发现福特工厂一个分厂的报告中提到了有一名叫乔治的70多岁的黑人员工，家庭十分贫困，这么大年纪了，还在公司的停车场干活，始终不肯退休回家，这让马金博士非常地震撼。

于是，他立即吩咐一个年轻的属下："你辛苦一下，亲自到那个部门去看看吧。"

调查结果是乔治的视力已经严重衰退，几乎已经失明。

"这个员工的家庭条件怎么样呢？"马金博士问道。

"他的太太还可以工作，她说如果有适当的机会的话，她很想工作。他们家住的房子还有几间是空着的，另外，他太太还带来了一个25岁的孩子，他是在别的工厂里工作的，每周的工资是25美元。"

"那就好，我们有办法来解决这个问题了。"

马金博士立刻决定，先把他们的那个孩子叫到福特工厂里来上班，每天的工资6美元，但条件是他必须负责赡养自己年老的父母。

员工家里空着的房间，马金博士吩咐属下为其寻找适当的房客，他太太可以做一些洗衣服的工作，而老人则可以在他家的附近给别人家看看房门。这样的工作很轻松，他做起来完全没有太大问题。

就这样，在马金博士的关心下，这位福特员工家里的每个人都有了自己的工作，家庭的收入很快就增加了两倍以上，他给这位年老的黑人家庭带来了温暖和幸福。

福特公司的这种像关心自己的家人一样来关心公司员工的方针，使公司的每一个员工都备受感动，他们觉得公司就是他们另外一个家。在这种以公司为家的思想鼓舞之下，员工的主人翁精神得到了前所未有的发展，福特公司的生产效率也得到了明显的提高，这其实是一种企业文化的体现。

领导智慧

像关心自己的家人一样来关心公司员工，使公司的每一个员工都备受感动，主人翁精神将不激而发。

作为员工服务的领导者

沃尔玛的公仆式领导一直都很有名。早在创业之初，沃尔玛公司创始人山姆·沃尔顿就为公司制定了三条座右铭：顾客是上帝、尊重每一个员工、每天追求卓越。沃尔玛是"倒金字塔"式的组织关系，这种组织结构使沃尔玛的领导处在整个系统的最基层，员工是中间的基石，顾客放在第一位。沃尔玛提倡"员工为顾客服务，领导为员工服务"。

沃尔玛的这种理念极其符合现代商业规律。对于现今的企业来说，竞争其实就是人才的竞争，人才来源于企业的员工。作为企业管理者只有提供更好的平台，员工才会愿意为企业奉献更多的力量。上级很好地为下级服务，下级才能很好地对上级负责。员工好了，公司才能发展好。企业就是一个磁场，企业管理者与员工只有互相吸引才能凝聚出更大的能量。

但是，很多企业看不到这一点。不少企业管理者总是抱怨员工素质太低，或者抱怨员工缺乏职业精神，工作懈怠。但是，他们最需要反省的是，他们为员工付出了多少？作为领导，他们为员工服务了多少？正是因为他们对员工利益的漠视，才使很多员工感觉到企业不能帮助他们实现自己的理想和目标，于是不得不跳槽。

　　这类企业的管理者应该向沃尔玛公司认真学习。沃尔玛公司在实施一些制度或者理念之前，首先要征询员工的意见："这些政策或理念对你们的工作有没有帮助？有哪些帮助？"沃尔玛的领导者认为，公司的政策制定让员工参与进来，会轻易赢得员工的认可。沃尔玛公司从来不会对员工的种种需求置之不理，更不会认为提出更多要求的员工是在无理取闹。相反，每当员工提出某些需求之后，公司都会组织各级管理层迅速对这些需求进行讨论，并且以最快的速度查清员工提出这些需求的具体原因，然后根据实际情况做出适度的妥协，给予员工一定程度的满足。

　　在沃尔玛领导者眼里，员工不是公司的螺丝钉，而是公司的合伙人，他们遵循的理念是：员工是沃尔玛的合伙人，沃尔玛是所有员工的沃尔玛。在公司内部，任何一个员工的铭牌上都只有名字，而没有标明职务，包括总裁，大家见面后无须称呼职务，而直呼姓名。沃尔玛领导者制定这样的制度目的就是使员工和公司就像盟友一样结成合作伙伴的关系。沃尔玛的薪酬一直被认为在同行业中不是最高的，但是员工却以在沃尔玛工作为快乐，因为他们在沃尔玛是合伙人。

　　在物质利益方面，沃尔玛很早就开始面向每位员工实施其"利润分红计划"，同时付诸实施的还有"购买股票计划"、"员工折扣规定"、"奖学金计划"等。除了以上这些，员工还享受一些基本待遇，包括带薪休假、节假日补助、医疗、人身及住房保险等。沃尔玛的每一项计划几乎都是遵循山姆·沃尔顿先生所说的"真正的伙伴关系"而制定的，这种坦诚的伙伴关系使包括员工、顾客和企业在内的每一个参与者都获得了最大程度的利益。沃尔玛的员工真正地感受到自己是公司的主人。

　　为员工提供服务，把员工视为企业的合作伙伴，这是员工最希望的关系。这种有效的方式，能实现"双赢"。把员工视为企业的合作伙伴，就能增加相互的协作，这样不仅员工能迅速成长，为企业带来的效益也是巨大的。

领导智慧

把员工当作合伙人，学会为员工服务，那么将会收获员工更优质的回报，最终推动员工的力量，也将成为发展自身的动力。

荣耀面前，团队分享，团伙独享

在荣耀面前，假如主管是个喜欢独占功劳的人，相信他的员工也不会为他非常卖力。反之，如果主管能乐于和员工分享成功的荣耀，员工以后做事就会分外卖力，希望下次也一样成功。所以领导者正确的做法是与员工分享功劳，分享成功的幸福和喜悦。每个人做事都希望被人肯定，即使工作不一定成功，但始终是卖了力，谁也不希望被人忽视。一个人的工作得不到肯定，他的自信心必然会受到打击，所以作为主管，千万不能忽视员工参与的价值。

比如在某大公司的年终晚会上，老板特别表扬了两组业绩较好的员工，并邀请他们的经理上台发表感言。没想到，两位经理的表现形成了极大的反差。第一位经理好像早有准备似的，一上台就夸夸其谈，说起他的经营方法和管理哲学来。不停向台下员工暗示自己为公司所作出的贡献，使得台下的老板及他自己的员工听了心里都很不舒服。

与第一位经理不同，第二位经理一上台就开始感谢自己的员工，并说："我很庆幸自己有一班如此拼搏的员工！"最后还邀请员工一一上台来接受大家的掌声。这使得台上台下的反应大大不同。像第一位经理那种独占功劳、常自夸功绩的人，不仅会使员工不满，就是老板也不会喜欢。第二位经理能与员工分享成果，令员工感到受尊重，那么他们以后一定会更加努力拼搏。其实老板心里最清楚功劳归谁，所以那不是你喜不喜欢与他人分享的问题。你是希望自己像第一个经理那样，还是像第二个经理那样？想必答案不言而喻吧！

领导智慧

与员工一起分享成功的喜悦和荣耀，会让他们意识到自身的价值。

"笼络"下属的技巧

一个成功的管理人，就应该点燃每位员工的热情，凝聚员工的共识和向心力，培养员工的"伙伴意识"。管理者的意图、决策，是否被下属心甘情愿地去执行，其中一个决定性的因素，就是你对他们的笼络程度如何。

希望别人怎样待你，你就要如此对待别人。什么使得你与众不同？你是否认为你比别人要强得多，所以要求与众不同的待遇？假若你有这种想法的话，那你最好改变一下想法，不然永远没有人会乐意跟随你。

在第二次世界大战期间，美国陆军集合了61位来自各个著名大学的心理学权威，从事一项特别研究。在他们做完研究以后，《战斗员心理学》发表出版了研究结果。研究中最特别的一项是：在美国陆军史上，首次有人问到士兵对好的领导的看法。

你想知道经过访问的数千名士兵心目中，良好的管理者是个什么样的人吗？回答得最多的一个要素是"了解下属的能力"。一位好军官应有了解下属的能力。那么其余出现得最多的14个要素是什么呢？排名第二、第四、第六和第七的要素都是有关待人的：

关心士兵的福利，有耐心和能力将事情弄清楚，不会没有理由责罚人，你做得好会给予称赞。再下面才是体格，受过良好教育和勇气等。

想要把握下属的心理，其实只要有心，随时都有机会。因为我们的心随着工作或身体等状况，经常会产生变化。只要能敏锐地掌握下属心理微妙的变化，适时地说出适合当时状态的话或采取行动，就能抓住下属的心。

什么时候是抓住下属心的机会呢？

1. 下属有痛苦时

不管平常多么强壮的人，当身体不适时，心灵总是特别脆弱。

2. 替家人担心时

家中有人生病，或是为小孩的教育等烦恼时，心灵总是较为脆弱。应该要学习把婚丧喜庆当作是巩固票源机会的政治家之智慧。

3. 人事变动时

因人事变动而调到本部门的人，通常都会交织着期待与不安的心情。应该帮助他早日去除这种不安。另外，由于工作岗位的构成人员改变，下属之间的关系通常也会产生微妙的变化，不要忽视了这种变化。

4. 工作遇到困难时

因工作失误，或工作无法照计划进行而情绪低潮时，就是抓住下属心的最佳时机。因为人在彷徨无助时，希望别人来安慰或鼓舞的心比平常更加强烈。适时的慰藉、忠告、援助等，会比平常更容易抓住下属的心。

管理者平常就要收集下属个人资料，然后熟记于心。同时，管理者必须及早察觉下属心理状态。每个人都有可能犯错误，每个人都可能在人生的低谷中徘徊挣扎。关键时刻拉人一把，将使下属永远记住你的恩惠，更加努力地工作。

领导智慧

关注下属的方方面面，做到有技巧的"笼络"，练就强劲的吸"心"大法。

容才留才，防止"跳槽"

留住人才，防止人员"跳槽"，这是当今每一位管理者都面临的头痛问题。你应该未雨绸缪，早做防范，绝不可让其来去自由，轻易溜走，使你的组织永远活跃着一批勇于冲锋陷阵的杰出人才。

"天要下雨，娘要嫁人"，实在要走，你采取什么办法也无济于事。作为管理者，你应当对此心中有数，及早采取有效的防范措施，别等到"天下雨""娘嫁人"那一天。

1. 量才而用留人才

如果优秀人才不辞而别另择高就，公司上下事先竟无人觉察或知道却没人报告，实际上这是公司经营管理不善的反映。对此应早有发现，并尽量使其回心转意。

一个员工工作量的多少并不能说明他对公司的满意程度如何。经常有人仅靠自己的能力和遵守公司的管理制度就能圆满或超额完成自己的定额，但内心他并不真正喜爱这份工作。一位负责销售工作的部门主管，工作成绩在公司连年都超定额，收汇、利润都很可观，是公司的骨干。但他却对制作电视广告情有独钟，希望有朝一日成为电视制作部门的主管。从公司角度出发，他留在销售部门是最理想不过，但他却一心想到电视部门。此时如果有合适的广播电视公司，他一定会义无反顾地离开销售工作去接电视制作。

这种情况下，可以让他同时兼做两项工作，如果他确实才华横溢，兼做两项工作都很出色，不仅满足了他对兴趣的追求，又为公司留住了人才，不会因人才流走而担心销售额下降了。

2. 宽以容才

有些人走的原因很简单："与领导不合！"与领导不合的原因是很多的。人们常常认为，责任在领导，如果他能在发生冲突时，显出自己的宽宏大量，不去斤斤计较下属，那么许多问题是可以解决的。

大公司的总裁不可能认识每一位员工，但精明的总裁每当下属要求接见时，总会安排时间，无论时间长短，都会去倾听他们的意见和建议。这种办法，确实十分高明。

一名管理者对其下属应敏感体谅，而员工则应随时把自己情绪上的波动、工作中的合理要求及时告诉他，这是双方呼应的事。当领导的不可能真正了解员工的内心世界，相互经常地进行工作、思想交流是保持上传下达、减少隔阂的有效办法。

3. 谨慎破格升职

破格升职，在为公司招揽人才的同时，往往也带来一些不必要的麻烦。

当你的公司招聘到一位能力强、有开拓创新精神的年轻人，并且舆论公认此人日后必然会成某经理的接班人时，你必须认真思考：给他什么样的职位，如何提拔他更好？

如果在他的任用问题上稍有疏忽，处置不当，将会给公司带来不必要的麻烦。要么这位能者会因位置不好而另寻高就；或者会使那些资历比他高、工作时间比他长、职位较低甚至较高的人为此而抱怨公司一碗水未端平，厚此薄彼。用人的事不是小事，不可轻视。

4. 注重早期培养

假如一位胸怀抱负的能人在公司里仍做低级员工的工作，其才干并没有得到充分肯定，那么他要求离职另求发展是很正常的。

刚刚离开学校到公司工作的大学生、研究生，若不对他们加强管理、注重早期培养、压担子的话，在两三年内他们最容易"跳槽"。他们年轻有为，前程远大，正是公司的希望所在，并且已熟悉了公司业务，如果让他们流失，公司将再去培养新手。对这些，不少公司并没有高度重视。

对此，应把新来的员工看作是公司的一笔长期投资，精心地培养督促他们。安排公司有能力的主管或员工指导他们，让他们承担一些力所能及或是超过其能力的工作。这一切就如一个长期项目，并不期待马上得到回报或收回投资。他们在公司工作的时间愈长，公司得到的回报将愈大。

5. 适时加薪

著名的波音公司的专家们对 450 多名跳槽者的调查表明，其中有 40 名为增加工资与管理者进行了谈判，27 名因被加薪而留下来继续为公司效力。

实践表明，适时加薪，能使大多数员工看到前途感到希望。从另一角度说，一些老员工本身就是公司的一笔巨大的无形资产，与所加薪资比较，聪明的管理者会倾向于选择什么呢？这当然是不言而喻的了。

6. 亡羊补牢

在我国，每年 3 月，也是各大公司大换班的时候，多数人也会等拿了薪水就跳槽。员工跳槽的原因很多，而且是无法避免的事，但如果你发觉在同一时间，有大量员工辞职，便要仔细找出原因所在，在此时亡羊补牢，可以避免将来更多的人才流失。

有可能员工辞职是因为有不利公司的言论在传播。此时，管理者先要找出谣言的源头，加以堵塞。譬如某会计部员工发觉公司亏损严重，四处通知同事另谋出路；或传出公司老总另有他谋，有意出让公司等。堵塞了传言后，应立即向员工讲清楚公司的实际情况，例如，公司去年成绩虽然不好，但对未来仍有信心，而且公司资金充裕，所以不会裁员等等，以安抚人心。

如果有部门主管拉拢下属一起跳槽，则应当要求他保证在一定时间内不得拉公司的客户或员工跳槽，以保证公司能继续正常运作。

如果跳槽是因为派系斗争，则一定要会见派系管理人，对他们的私斗严加斥责，并重申如情况得不到改善，一定将各派管理人撤职。

如果是因为主管能力低下，不足以服众，那么你可以把他撤换。这样一来可以平息民愤，二来可以反映出公司知人善任，对公司内每一环节都十分清楚。

7. 不强制留人

企业管理强制留人，留得住下属的人，但却留不住下属的心。强制留人，不但对下属不利，对自己也不利，这实际上是一种愚蠢的双输行为。

强扭的瓜不甜，留得住人留不住心，人才潜能发挥不出来，只能产生副作用：一是个人不好好干，甚至吃里爬外，把单位技术资料外传；二是搅乱人心，影响其他人。

有些企业，对要调离者降职、调换工作，企图"杀一儆百"，最后发展到意气用事，企业为不放人而不放人，个人为调走而调走。其实这正好南辕北辙，要调走者后路已无，一心要走，舆论也会日渐同情他。因为这类主管一般对公司都做出过贡献，现在和公司闹僵被贬，大家心理上会感到为公司干了半辈子落到如此下场而寒心，害怕自己有一天因为调走或什么事得罪了领导，和他一样下场。这实际上也挫伤了留下者的积极性，损害了企业形象。

如果我们在放人的同时，还开一个小范围的欢送会，肯定过去的成绩。给予实事求是的评价，表明忍痛割爱的心情，这样的好聚好散是有战略眼光的做法。留下者看到企业爱才，处理问题实事求是，充满了温馨和人情味，不是人走茶凉。调离者感恩戴德，无形中为企业树立了良好的形象。

领导智慧

　　领导者应做到未雨绸缪，注重人员管理，留住有用人才。

让下属利益与公司利益紧密相关

　　一个周末的晚上，可恶的恐怖分子在斯宾塞公司的橱窗里偷偷放置了几枚定时炸弹，相邻的几家商店也一起在爆炸中受到了破坏。

　　爆炸声引起了很大的恐慌，更惊动了这家公司的所有员工。第二天是休息日，照惯例是商店营业的大好机会，该店的所有员工在没有人号召的情形下，不约而同地早早来到店里，清理一片狼藉的场面。在其他相邻的商店开始清扫现场时，斯宾塞公司已经开始接待顾客，正式营业了。

　　人们不禁要问，这家公司的员工们为什么会这样做？其实，只要我们了解了该公司的管理方法，便不难找到准确的答案。这就是让下属的利益与公司利益紧密相关，一损俱损，一荣俱荣，没有比这更能刺激员工的干劲了。

　　斯宾塞公司是英国销售服装和食品的大零售商之一，也是英国最注重员工福利的公司。然而，公司并不是将福利作为慈善机构的施舍发放给职工，而是为了激励他们去积极工作。

　　只要员工的利益与公司的兴旺发达紧密相关，员工就会把公司当作自己的生命所在，充分调动自己的积极性，最大限度地把公司壮大。斯宾塞公司一贯重视和关心员工的福利待遇和福利的逐步提高。管理层把每个职工都看作是有个性的人，每个人事经理要对他所管理的员工的福利待遇、技能培训和个人的提高发展负责。这样使每个公司员工都能受到关注，真正做到了以人为本的管理，并且把福利的多少与公司效益紧密相连。

为了调动职工的工作积极性，公司建立了高质量的职工餐厅，工作时间中有多次休息、放松、喝茶的机会，也可以保证职工有充沛的精力投入工作。公司每年要拨巨资用于提高职工的奖金和福利，这是一笔相当大的数额。慷慨的付出只会使员工看到公司的关怀和体贴而大为感动，觉得只有把公司经营好，才有自己的那一份高额收入、丰厚利益。正是在这一经营理念指导下，斯宾塞公司的业务蒸蒸日上。

公司董事长曾经对其部门经理说："你就是出差错，那也必须是因为过于慷慨。"这是把公司的收益与员工的利益紧密相连的做法。那些措施大大增强了公司的凝聚力，不论职位高低，工作轻重，收入多少，公司上下都以在斯宾塞公司工作而感到自豪，这是一笔丰厚的精神财富。

有一个很简单的道理，如果把一元钱存在一家银行，银行倒闭了，大家并不在意。如果把全部财产存在那家银行，那么这家银行就是储户的生命，必须时刻关注。对于公司经营者，这是一个浅显的道理：只要员工的生活来源大多为公司所创，员工们必然把公司视为生命。所以，让员工的利益与公司利益紧密相关，就会充分获得员工的热情和努力工作的回报。

领导智慧

把公司的收益与员工的利益紧密相连的做法，会大大增强公司的凝聚力，不论职位高低，工作轻重，收入多少，公司上下都会为同一目标而努力。

同舟共济，患难见真情

领导者应学会处理危机。大多数企业一遇到经济不景气，就通过减薪及裁员来渡过难关，这种忽视员工欲求的做法，很容易浇灭员工的工作热情。

一旦受到了不景气的冲击，就把一切不利景况全都加给员工，这种做法无疑就是转嫁危机，消磨员工的斗志。博得人心的领导者不会因为一时的经济不景气而对员工"大开杀戮"，他们懂得患难见真情，只有同舟共济，才能共渡难关的道理。员工也会因此而对企业和领导者产生知恩图报、誓死效忠的良性循环。

IBM 的创立总裁华生先生，到 CTR（IBM 的前身）担任董事长时，首先面对的是资金的匮乏与人员的过剩。资金的匮乏问题依靠华生的信用，得到了摩根公司的融资，余下的就是人员过剩的问题。CTR 的主管都向华生先生提议以裁员渡过难关，但华生反对，他说裁员对公司而言是经营合理化不得已的政策，但对员工却是影响一生的问题。所以即便是人员过剩或人员的能力不足，都不能轻易裁员。华生从训练原先的员工做起，并未裁减任何一个人。

华生先生确立了如下就业保障方针：

启蒙公司员工；

工作的内容改变时，实施再放弃；

对现在从事的工作感到困难时，给予其他的工作机会。

但这并非表示 IBM 没有炒鱿鱼的事，只是说明在公司采取解雇手段之前不放弃任何机会再做最后的努力，为过剩的人员寻求新的工作机会。

日本松下公司的创立者松下幸之助先生即使面临经济不景气，也没有裁减一位员工，甚至没有削减员工工资，还是渡过了难关。

他的做法与 IBM 公司的策略如出一辙。

在我们国内也有这样的案例。海尔集团在进行兼并扩张的时候，没有大幅度地裁减员工，而是对他们进行了大量培训和企业文化的再造，同样也取得了较好的成果和效益。

德之大者，莫过如此。一个企业有了真正关心职工利益的领导者，哪个职工能不心感动之，力奉献之，为之拼搏，为之努力！危机是检验领导者能力的有力尺度，是一块试金石，庸者落马，能者上马。只有率领员工冲破层层危机、拨云见日的领导者，才会得到员工的崇敬和仰慕，才会成为一面永不倒的旗帜，才能偕全体员工创造一个又一个成功的辉煌。

领导智慧

面临企业危机，更要齐心协力共渡难关，不轻言放弃一人。压力之下，公司团队用最大力量反弹困难。

同下属共享荣誉

一位著名的美国橄榄球教练保罗·贝尔在谈到他的球队如何建立团队精神时说："如果有什么事办糟了，那一定是我做的；如果有什么差强人意，那是我们一起做的；如果有什么事做得很好，那一定是球员做的。这就是使球员为你赢得比赛的所有秘诀。"这是一种很高的个人风范，这种共享荣誉的精神鼓励了球队的每一个人，能做到这一点，其团队精神是牢不可破的，球队每战必胜也是在情理之中。

在企业中，领导也要有这种和员工共享荣誉的精神和敢于为下属承担责任的勇气。领导被授权经营管理，无论获得成功还是遭到失败，都负有不可推卸的责任。即使是员工的失误，也有领导失察、指挥不当、培训不够的责任。对荣誉领导当之无愧，但通往荣誉的路途仍离不开团队的协作、配合，所以，与下属共享荣誉，是领导应该做到的。

共享荣誉，也就是说领导者在获得各种荣誉后，如果不"贪污"，以各种形式让下属分享荣誉带来的喜悦，会使下属得到实现自身价值和受到领导器重的满足，这种满足在以后的工作中会释放出更多的能量，也无形中冲淡了人们普遍存在的对受表彰者的嫉妒心理。

例如，不少主管拿到上级奖金后，请贡献大的中层干部、骨干员工到饭店"撮"一顿，实际上也是共享荣誉，这是物质的，更是精神的。一位获得上级表扬的厂长在全厂大会上讲话，他不是泛泛地说"成绩是归于大家的"之类的套话，而是颇有感情地把所有的在工作中有突出贡献的员工的事迹一件件列举出来，连一位员工休假提前上班的事也提到了。最后，他说，"荣誉是全厂员工的，没有你们的努力，就没有今天"，并且向大家表示深深的谢意。他一边讲一边向大家鞠躬，然后又提议全体职工高唱《十五的月亮》，当唱到"军功章上有我的一半，也有你的一半"时，厂长的眼睛湿润了，大家的眼睛也湿润了。可以肯定地说，厂长的话起到了巨大的激励作用。

试想，如果这位厂长将光环紧紧地罩在自己头上，将一切成绩归为已有，那不但容易树立对立面，而且也会使员工失去继续努力的积极性。

与下属共享荣誉，而不是争功抢赏，可以用自己的人格力量感召下属，鞭策和激励他们，调动员工的积极性，让他们最大限度地发挥出自己的才智，促成事业发展。

领导智慧

上司将笼罩自身的光芒分配给下属，让他们也获得被肯定的喜悦和满足，带动员工做出更大价值的努力。

第六章
我无为而民自化

管头管脚，但不要从头管到脚

我国历史上著名的皇帝唐太宗不仅是一个善于听从下属劝诫的明君，还是一个善于"垂拱而治"的皇帝。他听从了魏徵的谏言，把那些琐事都交给有这方面才干的人去做，自己则只负责制定国家的大政方针，从而开创了唐朝前期辉煌的局面。

一位非常认真负责的领导，每次分派工作，从开始到结束，事无巨细，指示得非常具体详细。如布置会议室，放多少把椅子，买多少茶叶、水果，会标写多大的字，找谁写，用什么纸，等等。开始下属尚能接受，时间一长，大家就不太情愿了，感到他跟个喋喋不休的老太太一样，管得太细、太严了，别人一点权力都没有，挺"没劲"，有时他的主意并不高明，但他是领导也得照办。

其实，有很多事只要告诉下属事情的结果就可以了，不必告诉全过程。如让下属推销一批商品，领导者只要告诉他销售定额和经济合同法的一些知识就可以了，没必要告诉他到哪家商店去，进门怎么说，出门怎么道别。叫下属编制一套管理软件，只提要求就可以了，没必要告诉他使用哪种语言、怎么编。管理到一定程度就可以了，过度的管理反而弄巧成拙。

领导者如果什么事都自己动手，不仅会使下属变得过分依赖，挫伤他们的积极性，还会使自己陷于众多琐碎的事情中而不能专心于那些比较重要的事情。当然，领导者不要事必躬亲，不是说领导者不能干具体的工作，领导者适当地干一些事情，有助于加深与下属的感情，并从中汲取智慧和营养。但在这中间要保持一个度，"大事小事亲手干，整体忙得团团转"的领导者，只能算是一个劳动模范，而不是一位称职的领导者。领导者最主要的工作是运筹帷幄，他应该做的事情应该是那些下属干不了的事情或突发的、非常规的事情，而不是替下属操办所有的事情。一个优秀的领导者最大的优点就是能够运筹帷幄，发动别人做事，而不是什么事都要干涉，对下属从头管到脚。

 领导智慧

事必躬行，不仅会让管理者身心疲惫，还会打击到员工的积极性。管理者应该学会放权，激发员工的潜能。这样不但能减轻自身的负担，更增强了员工的参与度，有利于企业的长足发展。

不要把自己变成下属的尾巴

有很多领导者常常把自己的任务定位为一个监工，认为只要自己拿着鞭子在后面盯着，属下就会乖乖听话。其实，他们在不知不觉中已经把自己降格成了属下屁股后面的尾巴。

作为领导者，一是要"领"，二是要"导"，二者强调的都是同一个道理，那就是领导者应当有从自我做起，拿得起放得下，必要的时候对属下尽到言传身教的职责。所以，领导者应该做的是走在下属前面的"领导"，而不是跟在下属的后面充当监督的尾巴。

假设你是别人的下属，上司只懂得摆架子，下命令，举鞭子，却从不深入到工作现场，你会由衷地敬佩和听从这样的领导的指挥吗？你只会认为这是上司与下属的分别。作为上司，要想让下属对你产生一种由衷的敬佩，就必须以身作则，在下属间形成一种威望。

某公司的 A 部门主管陈先生，对他的下属们不是斥责效率低，就是嫌弃他们上班的时候开小差，但是他自己却每天伏在办公桌上打瞌睡。在这样的气氛中工作，业绩当然不佳，陈先生再怎么责备下属，情况也不会有什么改善。

B 部门的主管王先生则完全不同，他和五位下属负责会务的工作，且经常不计较身份，戴起手套，与下属一起到仓库里搬货物。他们那组人干得很起劲，效率高、气氛良好，出错率极低，公司的领导一看便知道两人的优劣了。

总之，作为领导者既要能同下属打成一片，也要充分发挥自己的"领"和"导"的作用，不要自贬身份，让自己沦落成为跟在下属后面专挑错误的尾巴。

 领导智慧

作为领导者既要能同下属打成一片，也要充分发挥自己的"领"和"导"的作用，不要自贬身份，让自己沦落成为跟在下属后面专挑错误的尾巴。

不可迷恋冰冷的上下级关系

很长时间以来，人们只强调外在的制度对于人本身的约束作用，因为人们相信，只要在一个健全完善的框框下，大家就能各司其职，卖命工作。当现代管理制度完善后，在以名利为根本驱动力的作用下，弱肉强食显得天经地义。但是它带给人们的是一种深深的内伤，一种对于世事的无奈和隐忍。

这一点在福特汽车的兴衰上体现得十分明显。亨利·福特是美国汽车业的一面旗帜，他改变了美国人民的生活方式，是美国人民的英雄，被誉为"20 世纪最伟大的企业家"。但是，福特在管理上的专制和他与员工之间的对立状态，却使得他的企业蒙受损失。福特有一个错误的观念，在他眼里员工无异于商品，对于不服从命令的员工可以随时扔掉，反正只要出钱，随时能够再"买进"新的员工。

从1889年开始，福特曾经两次尝试创办汽车公司，但最终都因为管理出问题而失败。1903年，福特与其他人合作创办了美国福特汽车公司，后来，福特聘请了管理专家詹姆斯·库茨恩斯出任经理。在詹姆斯的卓越管理下，1908年，独霸天下的福特T型车诞生了。随后，T型车极其迅速地占领了汽车市场，而福特汽车公司也一举登上了世界汽车行业第一霸主的宝座。

成功和荣誉使福特变得更加傲慢无礼，他认为自己的所有员工都只是花钱雇来的，所以员工假如不绝对服从自己，就只能让他离开。直到20世纪20年代，在近20年的时间里，福特公司只向市场提供单一色彩、单一型号的T型车。他的销售人员多次提出增加汽车的外观色彩，但福特的回答是："顾客要什么颜色都可以，只要它是黑色的。"因为不愿适应市场需求去改动自己的汽车设计，福特公司就这样停止了前进的脚步。因为福特的独断专行，员工也都纷纷离职，最后连库茨恩斯也无奈另觅他处。1928年，亨利·福特为他的独断专行付出了巨大的代价，福特公司的市场占有率被通用汽车公司超越。

制度是冰冷的，行政命令是呆板的，上下级关系是产生距离的。因此，企业管理者在领导员工的时候，不能因为自己处于领导者位置而表现出居高临下、高傲自大，不能依赖制度的框架而使下属觉得管理缺乏感情，不能片面地依靠命令而使下属产生束缚和限制，不能因为上下级关系而使员工产生距离感；否则，团队将会层出不穷地产生问题。

领导智慧

领导者应该加强同下属之间的联系，让下属能够时刻感受到领导对他的关怀，这样不仅能使公司的氛围变得融洽，也能为领导者自己培养一批忠诚的下属。

把表面的风光让给别人，把沉甸甸的利益留给自己

在战场上向敌人示弱，那是自取灭亡之道；但在现实生活中暴露弱点，则是一条很好的处世之道。

无论是事业上的成功者，还是生活中的幸运儿，往往会成为人们嫉妒的目标，"人怕出名猪怕壮"就是这个道理。有时为了消灭这种潜在的威胁，我们应该适当地示弱，将其负面作用减小到最低程度。

示弱能使处境不如自己的人得到心理平衡，有利于团结周围的人群。要使示弱产生效果，必须慎重地选择示弱的内容。地位高的人在地位低的人面前，不妨以学历低、经验不足、专业知识能力有待提高等来表明自己也是个普通人；成功者应多向人展示自己多次失败的经历，现实的烦恼，给人以成功不易、成功者也有难言之隐的感觉；那些专业拔尖的人，最好显示出自己对其他领域的不精通，透露自己在日常生活中也曾洋相百出、受过窘迫等。

示弱是强者在感情上安抚暂时在某些方面处于下风的弱者的一种有效手段。它能够有效地缓解你身边的"弱者"对你的敌视，让他们在心理上获得些许平衡，减少或消除你前进道路上可能产生的破坏因素。把表面的风光让给别人，把沉甸甸的利益留给自己，何乐而不为？

领导智慧

有的时候，示弱也是一种非常有利的武器，它能够很好地保存你的实力，在最后关头给对手致命一击，以此获取最终的利益。

好的领导者如空气

最好的领导方式应该是空气式的领导。空气看不见摸不着，所以不给人没有意义的压力，正如好的领导给员工的压力是生活所必需的压力，是员工自我鞭策自加的压力；但空气却无处不在，人们离不了空气，当一个领导使企业离不开时，说明了领导对公司发展的价值。领导的思想、理念，所传递的制度规范也要弥漫在企业的每个角落，能达到这种境界的领导才是真正高明的领导。

美国纽约有一家动物园，动物园因为人手不够，就从社会上招聘了一批饲养员。其中有一位特别爱干净，对小动物也特别有爱心，所以他每天都把小动物的屋子打扫得干干净净。可是事与愿违，那些小动物一点也不领他的情，在干净舒适的环境里，他们都慢慢变得萎靡不振，有的生病，有的厌食，一个个日渐消瘦。

到底是什么原因呢？这位饲养员很苦恼，就去请教有经验的人。别人告诉他：那些动物都有自己的生活习性，有的喜欢闻到那混浊的骚气，有的看到自己的粪便反而感到很安全。只有尊重它们的生活习性，它们才会健康成长。

这个故事对于企业管理相当有寓意。有效的管理必须针对组织内个体的需求，包容个体的差异性，并在此基础上灵活应对、多元管理，从而达到一个"和"的团队氛围。假如像故事中的饲养员那样，无视员工个体的差异，一味追求看似完美的统一，那么这样的组织最终一定会因抹杀了个体的个性而导致解体或僵死。

领导智慧

江海所以能够成为百川河流所汇往的地方，是由于它善于处在低下的地方。一个企业里员工形形色色，这就要求领导者必须宽容待人，容纳对方的缺点。通常，领导人者的胸怀和视野决定了他在企业治理上能够走多远。

别让员工因你的责备而如坐针毡

《老子·道德经》中说："夫佳兵者，不祥之器，物或恶之，故有道者不处。"这句话的意思是兵器是不吉祥的器具，连鬼神都厌恶它，因此有道的人远离而不用。这个思想对于今天的管理者来说，却有着不同的意义："责备"并不是有效领导的最好办法，如果随意滥用职权去责备、惩罚员工，不仅会滋长管理者的骄纵情绪，而且会极大地伤害员工的感情，使自己变成一个失去民心的"暴君"式领导者。

当员工做错了某件事的时候，公司管理者的指责可能是必要的。然而，并不是所有的批评都可以达到这样的目的，因为批评和被批评的过程通常不是在平心静气中进行的，并且当员工遭受到过多批评时情况更加糟糕。英国行为学家 I.W. 波特说过："当遭受许多批评时，下级往往只记住开头的一些，其余的就不听了，因为他们忙于思索论据来反驳开头的批评。"所以说，公司管理者整天把员工的某个错误挂在嘴上，反复唠叨，这对员工来说是一种无形的压力，不仅不利于员工自身的发展，也会使领导者的形象大打折扣。

人有被赞扬、被肯定的心理需要，最佳工作效率来自高涨的工作热情。在员工认识到自己的错误后，公司管理者应该立即结束批评。一般情况下，表扬、激励员工效果可能比批评更好。在对员工提出批评的时候，最佳效果是让员工感到他们的确从批评中学到了什么才可以。要着力去培养员工一种"对大局有利，对公司发展有利"的好思维方式。因此，作为公司管理者，要做的就是像对待朋友一样去对待员工。

闻名于世的洛克菲勒告诉世人，他成功的秘诀不完全只是依靠自己的"吝啬"，更重要的是他从来不会在员工犯错之后，只是盯着他们的错误没完没了地大加指责。爱德华·贝佛是洛克菲勒的一位生意合伙人，由于一时大意，爱德华·贝佛在南美经营一桩生意时出了差错，使公司在一夜之间损失近百万美元。差不多所有的人都认为，贝佛一定会遭到洛克菲勒的痛斥。没想到最后洛克菲勒只是对他说："恭贺你保全了我们全部投资的 60%，这很不错，我们没有办法做到每次都这么幸运。"

领导智慧

责备只会加重员工的心理负担，他们会因为你的责备而如坐针毡，对待下属的错误，应该以开导和劝诫为主。

责备并不是最好的教育方式

杰克有两个哥哥，兄弟三人和父母相亲相爱，家庭很和睦。有一年秋天，三兄弟驾车一起到郊外旅游。两个哥哥已经有丰富的驾驶经验。杰克刚满 16 岁，几个星期前才把驾照考下来。大哥和二哥商量后决定：繁华的市区由他们两人驾车，到人烟稀少的地方就让杰克练练手。到了郊外，杰克开着车，兴奋得有说有笑，不知不觉地把行车速度提高了很多。在一个十字路口，在红灯亮起来之前他没能如愿地闯过路口，反而和一辆从侧面驶过来的大卡车相撞，大哥当场死亡，二哥头部重伤，杰克自己也腿骨骨折。

他们的父母接到这个消息后，马上赶到了医院。杰克很内疚，本以为父母会责怪他，没想到父母只是紧紧地将他和二哥抱在一起，默默地流泪。过了一会儿，父母擦干他们脸上的泪，像是什么也没发生过一样开始谈笑。当时杰克父母的行为真的很出乎所有人的意料——对于两个幸存的儿子，尤其是杰克，父母始终和蔼可亲，像往常一样。

好几年过去了，杰克问父母，那时候为什么没有责备他，因为大哥正是死于他闯红灯造成的车祸。父母只是淡淡地说："你大哥已经离开了，不论我们再说什么或做什么，都无法使他起死回生，但是你还有漫长的人生。如果我们责备你，就会使你背负起'大哥的死亡是因为我'这样沉重的包袱，那么你也会因此而失去快乐、健康和美好的生活。"多么明智的父母啊！

从这个例子我们可以体悟到，事后的责备并不是重要的，有时候它根本毫无用处，最重要的永远是人的心灵和未来。只有不够聪明的人才毫无止境地指责和抱怨他人。企业管理者应该像杰克父母一样善解人意，关注员工的未来工作，而不是抓住过去的错误不放手，只有这样，才能达到无往而不利的绝妙效果。

领导智慧

领导者要想获得成功，就必须慎用管理学意义上的"兵事"——责备。同时，还要尽力建立一套有效的激励机制。只有这样，员工才会充满干劲，领导们所管理的资源配置才会得到最大程度地优化。

让下属成为英雄是你的荣耀

生养万物而不占有，培育万物而不倚仗，功业成就而不居功。这就要求管理者借力而行，放手让员工自己去干，为下属搭建"舞台"，给员工以充分实现个人价值的发展空间。

现代企业作为社会经济生活中最具活力的领域和组织形式，往往被员工视为展示自我、实现自身价值的最佳平台。企业管理者要在人事安排上多费心思，力求做到尽善尽美；要充分考虑员工个人的兴趣和追求，帮助他们实现职业梦想。管理者必须营造出某种合适的氛围，让所有的员工了解到，他们可以从同事身上学到很多东西，与强者在一起只会让自己更强，以此来帮助他们充满激情地投入工作——而不是停在那里，对他们的际遇自怨自艾。

著名科学家爱因斯坦说过："通常，与应有的成就相比，我们只能算是'半醒者'，大家往往只用了自己原有智慧的一小部分。"因此，对于领导者来说，最好的管理之道就是鼓励和激励下属，让他们了解自己所拥有的宝藏，善加利用，发挥它最大的神奇功效。其实，从某种意义上来说，下属的成功就是领导者的成功，帮助下属成功也是领导者赢得下属追随的最好办法。

领导者必须有这样一种胸怀，为别人的成就打上聚光灯，而不是为自己的成就打灯。他们应让别人成为组织里人人皆知的英雄，正如一位成功企业家所说的："如果最高领导者从来都不让他的员工分享权力，分享成功的荣誉，而是把功劳全往自己身上堆，那谁还会跟着他干呢？除非是傻瓜。"

领导智慧

所谓丞相肚里能撑船，优秀的领导者通常是那些善于为下属搭建舞台，让他们尽情发挥的胸怀宽广之人。

聪明而懒惰的人往往是卓有成效的管人者

李启明是北京一家著名房地产公司的总经理，也是一位精于授权的领导者。他很少介入具体的管理工作，公司的经营管理、具体业务方面的事情他出面的时候很少，甚至厂商都不认识他，李启明也很少和厂商打交道。他倾向于把人员组织起来，把责、权、利充分地授权下去，考核结果。只有发现结果不大对劲的时候，才去看一看，这人有没有选对？李启明很不喜欢介入到具体事情的过程里面去。

李启明有七个知根知底、合作多年、十分能干的副总，所以，他就可以"啥具体事也不用管"。"我不可能帮他们做他们分管业务的事，我的思路可能和他们不一样。我做浅了，他们不满意；我做深了，又可能会对他们的风格产生影响，这样更麻烦。"

李启明经常出差，去各专卖店转转，"不是具体指导他们做什么，就是和经理们聊聊，也不解决什么问题，别人一提什么问题，我就说，好吧，你这事跟副总经理李为说说。我要做的主要是人际方面的沟通，以及看看不同城市市场的变化情况。"真正需要李启明做的事，通常是晚上和人吃饭、谈贷款、谈合作、沟通联络，等等。白天，李启明没有具体明确的事要做，就可以自由安排自己想做的事，给专卖店经理打打电话，上网逛逛，或者看看报，李启明有时一看报纸就看半天。

李启明之所以能如此的潇洒清闲一方面是因为他有一批精明能干的副总，另一方面是因为他懂得什么时候应该把权力下放给下属，什么事情应该由自己来决定。当企业发展到一定规模的时候，确实需要领导者从具体烦琐的事务性劳动中解脱出来，去考虑更为宏观的事情。

领导智慧

聪明而懒惰的人往往是卓有成效的管人者。作为一个领导者，懒惰未必是一件坏事，只要你善于将权力下放给那些有能力的人。

因势利导才能激发出下属的潜能

有这样一个浅显的道理：木头和石头的特性是放在平坦的地方就安稳，放在陡斜的地方就容易滚动，方形的就稳定，圆形的就易滚动。而善于因势利导的将帅指挥作战，就像滚动木石一般，所造成的有利态势，如圆石从几千尺的高山上飞滚下来，不可阻挡，这就是所谓的"势"。

曾兴盛一时的日本理工公司，突然之间生意冷清，毫无盈余，但仅仅3年之后，公司又再次强盛起来，在这个由衰转盛的过程中，领导者因势管理员工起了关键性的作用。

一开始，理工公司的老板村清就把公司重建的责任，交给一群30岁左右的有活力的年轻人，这样就能充分调动他们的积极性。村清在发表经营计划的同时，也宣布了年内薪水提高2倍，希望扫除员工们萧条时期遗留的失望心理。

调薪就是为了激起员工的工作士气，事实证明这个办法果然非常有效。原来对于调薪之事半信半疑的员工，突然之间也士气高昂，工作充满了干劲，将原来低沉的气氛一扫而空。

实际上，员工的工资在两年内只调升了30%左右，但员工的愿望多数已经得到了满足，从而改变了他们对待工作的态度。然而好景不长，由于上调薪水损害了股东的利益，引起有往来业务的银行的抗议，但是村清仍毅然决然地继续对员工履行加薪的承诺。因为他知道，如果此时停止加薪，那么他刚刚调动起来的员工的激情将白白浪费掉。他始终坚信只有把握住员工焕发出来的力量，才能管理好公司，才能激发出员工的热忱。

因势管理的前提是能在下属中创造出这种"势"能，然后投其所好，以此鼓励员工发挥自己的余力，达到干出新成绩的目的。

因势利导才能因势而成，这里最关键的是不能中途改变，热情方能持久。

领导智慧

在企业管理的过程中，善于利用"势"对员工进行因势利导，通常能够使下属焕发出惊人的力量。

管人不如管心

大名鼎鼎的西门子公司有个口号叫作"自己培养自己"。它是西门子发展自己文化或价值体系的最成功的办法，反映出了公司在员工管理上的深刻见解。和世界上所有的顶级公司一样，西门子公司把人员的全面职业培训和继续教育列入了公司战略发展规划，并认真地加以实施，只要专心工作，人人都有晋升的机会。此外，西门子还把相当的注意力放在了激发员工的学习愿望、引导员工不断地进行自我激励、营造环境让员工承担责任、在创造性的工作中体会到成就感等方面，让员工能和公司共同成长。

云南某化工公司是我国的一家知名企业，它有着30多年历史，是磷肥行业中的知名企业，该公司现有员工1600多名，2004年销售收入为15亿元。之所以有如此卓越的成绩，是因为从2003年起，公司就开始推行自我管理的"诚信自律"班组活动，强调给予员工足够的信任和尊重，让班组和员工自愿提出申请，在安全生产、劳动纪律、行为规范、现场管理、生产技能提高等方面进行自我管理，员工自己制定各项行为准则和规章制度，并签署承诺书，自己说到的就要做到，同时自觉改正错误行为，不断提高管理水平。该公司董事长如此说："推行诚信自律班组，有助于增强管理者与员工的相互尊重和信任，进一步改善公司员工的工作氛围，降低管理成本，从而提高工作的效益。"

这两个案例有效地说明了"道之以政，齐之以刑，民免而无耻；道之以德，齐之以礼，有耻且格"这个道理。对于管理者而言，员工的自我约束力是最好的管理制度，是企业事半功倍的法宝。当然了，员工自我管理虽然是一种切实可行的积极的目标，但要真正做到却非常不容易，不仅需要领导者和管理者具备帮助、引导、培训的种种技巧，还需要极大的热情、耐心，以及正确的信仰。

领导智慧

事实证明，最有效并持续不断地控制是触发个人内在的自我控制，而不是强制。

三个臭皮匠赛过一个诸葛亮

中国有句谚语"三个臭皮匠赛过一个诸葛亮"，臭皮匠常有，而诸葛亮不常有，所以我们在现实的管理中要善于采纳众人的意见，以达到集思广益的效果。

在通用电气公司里，每年约有 2 万 ~ 25 万名员工参加"大家出主意"会，时间不定，每次 50 ~ 150 人。在这个大会上，主持者通过引导大家坦率地陈述自己的意见，及时找出生产上存在的问题，以便改进管理，提高产品和工作质量。

每年 1 月，公司的 500 名高级经理在佛罗里达州聚会两天半；10 月，100 名主要头头又开会两天半；最后 30 ~ 40 名核心经理则每季开会两天半，集中研究反映的问题，做出准确而又及时的决策。

当基层召开"大家出主意"会时，各级经理都要尽可能下去参加。韦尔奇带头示范，他常常只是专心地听，并不发言。开展"大家出主意"活动，给公司带来了生气，取得了很大成果。如在某次

"出主意"的会上，有个职工提出，在建设电冰箱新厂时，可以借用公司的哥伦比亚厂的机器设备，哥伦比亚厂是生产压缩机的工厂，与电冰箱生产正好配套，如此"转移使用"，节省了一大笔开支。这样生产的电冰箱将是世界上成本最低的、质量最好的。

开展"出主意"活动，除了在经济上带来巨大收益之外，更重要的是使员工感到自己的力量，精神面貌大变。经过韦尔奇的努力，公司从 1985 年开始，员工减少了 11 万人，利润和营业额却翻了一番。

从通用电气这个"出主意"活动我们可以看出，那些很有见地的意见并不是都来自于公司高管。所以公司里的每一个人都应该有发言权，集众人之长才能为企业不断地注入新的活力。

领导智慧

领导者要善于采纳众人的意见，让公司里的每一个员工都有发言权，集众人之智来使公司不断发展壮大。

最好的管理是没有管理

武术界经典传言："无招胜有招，最厉害的招式就是没有招式。"综观优秀企业的管理模式和经验，尽管它们拥有着最为完善的制度体系和文化体系，但它们对管理的终极追求是最好的管理就是没有管理，从而使各项制度形同"虚设"。

在德国的主要航空和宇航企业 MBB 公司，可以看到这样一种情景：上下班时候，员工把专门的身份 IC 卡放入电子计算器，马上显示当时为止本星期已工作时间多少小时。MBB 公司允许员工根据工作任务、个人方便等与公司商定上下班时间。原来该公司实行了灵活的上下班制度，公司只考核员工工作成果，不规定具体时间，只要在要求时间内按质量完成工作任务就照付薪金，并按工作质量发放奖金。这种灵活机动的工作时间，不仅使员工免受交通拥挤之苦，还使他们感到个人权益受到尊重，从而产生强烈的责任感，工作热情也有所提高，公司因此受益匪浅。

　　法国斯太利公司也同样摒弃了条条框框，对员工实行非常人性化的管理。该企业根据轮换班次的需要和生产经营的要求，把全厂职工以15人一组分成16小组，每组选出两名组长：一位组长负责培训，召集讨论会和作生产记录；另一位组长负责抓生产线上的问题。厂方只制定总生产进度和要求，小组自行安排组内人员工作。小组还有权决定组内招工和对组员奖惩。企业的这种放权行为，不仅没有耽误生产，还使得该公司的生产力激增，成本明显低于其他企业。

　　从这两个例子我们可以明显看出，企业通过实行人性化的管理，不仅能加强员工的自我认同感，也能加深员工对企业的忠诚度，使员工具备强烈的主人翁责任感，最终达到工作上的高效率、高质量。

领导智慧

　　不以实质的压力把员工当作牙膏挤，而是以人情味十足的管理来打动员工的心，牵引出他们心中的感动和共鸣，自发地贡献出自己的力量。

让员工实现自我管理

　　管理者和员工就像一对天生的"仇敌"，他们似乎处在矛盾的对立面，永远无法调和。在工作中，大多人都抱怨过老板忽视自己的意见，用指挥、命令的方式来行使领导的权力，甚至经常无情地批评与训斥下属。而同样，老板对员工也经常感到不满意，他们认为员工不服从管理、不遵守制度、生产技能不够、懒惰、效率低下等。

对于这种冤家似的矛盾，美国学者肯尼思·克洛克与琼·戈德史密斯曾在合著的《管理的终结》中分析指出，管理的终结不应是强迫式的管理，即利用权力和地位去控制他人愿望，而应是"自我管理"。

许多企业在推行人本管理的过程中花费了大量的时间和精力，效果却不甚理想。为什么呢？就是没有紧紧抓住最为关键的那个部分——帮助和引导员工实现自我管理。因为，现代企业的员工有更强的自我意识，工作对他们来说不仅意味着"生存"，更重要的是，他们要在工作中实现自己的价值。一个公司管理者，假如没有认识到这一点，那就无法赢得他的下属，他的公司也同样无法获得成功。

戴明博士是美国管理界的权威，曾被誉为"质量管理之父"。他曾经讲过这样一个案例：一个日本人受命去管理一家即将倒闭的合资美国工厂，他只用了 3 个月的时间就使工厂起死回生并且赢利了。为什么呢？原来道理很简单，那个日本人解释道："只要把美国人当作是一般意义上的人，他们也有正常人的需要和价值观，他们自然会利用人性的态度付出回报。"可见，真正的"人性化管理"，是帮助和引导员工实现自我管理，而并不是要求员工完全按照已经全部设计好的方法和程式进行思考和行动。

领导智慧

领导者不应该做一面镜子，而是要让每个员工自己心中有一面镜子。要做的不是尽力去督促和监视员工的一举一动，而是应该诱发他们心中的自主能力，心甘情愿地管理和约束自己。

独断专行是领导者的大忌

因为所处的位置和权力欲的膨胀，一般来说领导者最容易犯的错误就是独断专行，一言堂，一个人说了算。然而令人遗憾的是，凡喜欢独断专行的人，没有不犯错误的，并且最终也不能成就大事，因为他们往往得不到下属和群众的拥护。

苹果电脑的创始人史蒂夫·乔布斯是信息产业界第一个登上《时代周刊》封面的人物。乔布斯22岁开始创业，只用了4年的时间，就从"一文不名"变成了拥有2亿多美元个人财富的大富豪。但是正是如此迅速的成功使他完全陶醉在了成功的喜悦之中，从而在荣誉之中迷失了自我。乔布斯没有受过任何管理方面的培训，对企业的管理一窍不通，但是他也不屑于去学习。他越来越迷恋于自己的智慧，脾气变得越来越刁蛮，对员工也变得越来越苛刻。

公司里的员工看到他之后都像瘟疫一样避开，公司上下对他排斥得也很厉害。乔布斯再也融入不到苹果电脑公司的整个团队中。就连他亲自聘请的高级主管，原百事可乐公司饮料部总经理斯卡利都公然宣称："有乔布斯在苹果公司，我就无法执行任务。"最后，乔布斯缺乏团队精神的行为最终使董事会愤怒了，他们解除了乔布斯的行政职务，只让他专任董事长一职。乔布斯因此一怒之下出走，离开了自己一手创办的苹果公司。

对于苹果公司来说，乔布斯是优秀得无可替代的创始人，但对于苹果公司的整个经营团队来说，他又是一名糟糕透顶、无法胜任的员工，因为缺乏团队精神，使得作为老板的他也不得不被排斥。

领导智慧

独断专行，表面上看是领导者的强大，实际上是弱智无能的体现。平心而论，是哪些领导者喜欢独断专行，听不进别人的意见呢？恰恰不是办事干练、富有智慧的强者，而是头脑简单、经验不足、尚不成熟的弱者。

在管理中实现"无为而治"

春秋社会末期，道家学派创始人老子在《道德经》中提出了这样一种无为而治的统治思想："我无为而民自化，我好静而民自正，我无事而民自富，我无欲而民自朴"、"为无为，则无不治"。20世纪 70 年代，西方管理学界提出"不存在最好的管理方法，一切管理必须以时间、对象为前提"的权变管理方法，20 多年来一直在管理学界经久不衰。管理的最高境界就是不用管理，"管理"是相对而言的，没有绝对的好，也没有绝对的不好，它是一个辩证统一的有机体。

要实现管理上的"无为而治"，应建立在下列几个前提之上：

1. 建立系统化、制度化、规范化、科学实用的运作体

科学的运作体系是企业高效运行的基础，用科学有效的制度来规范员工的行为，来约束和激励大家对企业管理非常重要。

2. 具备强大领导力的领导者带领的一个高绩效的团队

高绩效的领导者要会发挥自己的影响力，要会激励下属，辅导下属，又会有效地授权。他既要有高瞻远瞩的战略眼光，制定中长短期战略目标，又要有强的执行力，把组织制定的目标落实到位，这样才会有好的结果。

3. 建构好的企业文化，用好的文化理念来统领员工的行为

企业既是军队、学校，又是家庭，要能够让员工提高自己的职业素养和综合性的素质能力，又能体会到大家庭的温暖。企业更具凝聚力、团队精神，要能留住员工的心，使企业与员工能共同发展，共同进步。

领导智慧

　　"管理"是相对而言的，管理者应该实现无为而治，给予下属适当的自由空间，相对宽松自在的工作环境更有利于员工潜能的发挥。